U0424517

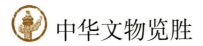

中华文物览胜

宝鸡青铜器博物院珍品讲读

陈 亮 编著

西北大学出版社
·西安·

图书在版编目(CIP)数据

宝鸡青铜器博物院珍品讲读 / 陈亮编著. —西安：西北大学出版社，2021.4（2024.4重印）
ISBN 978-7-5604-4726-1

Ⅰ. ①宝… Ⅱ. ①陈… Ⅲ. ①青铜器（考古）—研究—中国 Ⅳ. ①K876.414

中国版本图书馆 CIP 数据核字（2021）第 061254 号

宝鸡青铜器博物院珍品讲读
BAOJI QINGTONGQI BOWUYUAN ZHENPIN JIANGDU

陈　亮　编著

西北大学出版社出版发行

（西北大学校内　邮编：710069　电话：029-88302621　88303593）

全国新华书店经销　　陕西龙山海天艺术印务有限公司印刷

开本：889毫米×1194毫米　1/16　印张：8

2021年4月第1版　2024年4月第2次印刷

字数：102千字

ISBN 978-7-5604-4726-1　　　　定价：88.00元

如有印装质量问题，请与本社联系调换，电话 029-88302966。

前言

宝鸡是一个有故事的城市，"明修栈道，暗度陈仓""周公吐哺，天下归心""姜太公钓鱼，愿者上钩"等人们耳熟能详的故事就发生在宝鸡。宝鸡是一个有历史的城市，有"炎帝故里""周秦文明发祥地"等美誉。远在距今8000年左右的新石器时代早期，宝鸡就是老官台文化的主要分布区。从宝鸡走上中国古代历史舞台的西周王朝，就是在周早期都城岐邑及其周围，形成了她的政治、文化、经济、军事等方面的国家形态，开创了"普天之下，莫非王土；率土之滨，莫非王臣"的全新局面。西周末年，戎狄发难，王室东迁，来自陇山以西（今甘肃东部）的秦人，几乎是踏着周王朝兴盛的脚印来到宝鸡，先后在汧邑、汧渭之会、平阳、雍城建都，前后经营了近400年，为后来逐鹿中原、统一天下，进行了长期的政治、组织、军事等方面的准备，并对此后持续了2000多年的封建政治制度的建立产生了直接的影响。宝鸡也是一个考古圣地。1990年以来，宝鸡的杨家村青铜器窖藏、周公庙遗址、石鼓山西周墓地、周原遗址、雍山血池秦汉祭祀遗址等7个考古项目先后入选"全国十大考古新发现"。

在这片历史文化积淀深厚的沃土上成长起来的宝鸡青铜器博物院，位于宝鸡市滨河大道国家4A级景区中华石鼓园内，它是在原宝鸡市博物馆（1956年称宝鸡历史文物陈列室，1958年更名为宝鸡市博物馆）的基础上建设的以集中收藏、研究、展示西周青铜文化为主的国家一级博物馆。2010年9月28日落成开放，建筑面积3.48万平方米，其中陈列面积1.2万平方米。建筑外形运用了高台门阙、青铜厚土的建筑语言，造型新颖，气势恢宏，已成为宝鸡的标志性文化景观。

宝鸡青铜器博物院现珍藏各类青铜器、玉器、陶瓷器、古钱币等文物475314件，其中青铜器7568件。所藏3237件珍贵文物中，一级文物102件，二级文物342件，三级文物2793件。文物种类全，品位高，尤以商周青铜器著称于世。博物院设有"青铜铸文明——周秦文明之光"基本陈列和"对镜贴花黄——古代铜镜与时尚生活展""陶语诉春秋——古代陶瓷与文化生活展""明月照琼琚——古代玉器与艺术生活展"等常设专题陈列，以丰富多彩的历史文物和独具匠心的展览手法，多层次、多角度地展示了宝鸡悠久的历史和灿烂的文化，使人们从中得到历史的启迪和艺术的享受。

文物，记录着历史的根脉。对我们来说，展陈在博物馆里的文物都是古人的经典之作，体现了中华民族的人文品质与精神诉求，也凝结着中国流传千载的生存智慧与文化血脉。本书分为上篇、下篇两部分。上篇"吉金耀世"主要对宝鸡青铜器博物院中出土于眉县杨家村青铜器窖藏、石鼓山西周墓地、强国墓地等地的有铭青铜器精品，进行深入浅出的介绍，以使读者能够更好地了解宝鸡源远流长的青铜文化。下篇"瀚海拾珍"则对宝鸡青铜器博物院珍藏的铜镜、玉器、陶器等精品文物进行介绍，读者可以通过它们了解不同时期的民俗风情，感知不同时代的社会风貌与大众心理，体会古人的悲欢爱憎，激活优秀的文化基因，在它们的滋养和陪伴下更好地前行。

中华石鼓园全景

宝鸡青铜器博物院外景

"青铜铸文明——周秦文明之光"第一展厅"青铜器之乡"

"青铜铸文明——周秦文明之光"第二展厅"周礼之邦"

"青铜铸文明——周秦文明之光"第四展厅"智慧之光"

"对镜贴花黄——古代铜镜与时尚生活展"展厅

"明月照琼琚——古代玉器与艺术生活展"展厅

"明月照琼琚——古代玉器与艺术生活展"展厅

"陶语诉春秋——古代陶瓷与文化生活展"展厅

目　录

上篇　吉金耀世

家庙重器

逨盘 …………………………………… / 3
四十二年逨鼎 ………………………… / 6
四十三年逨鼎 ………………………… / 8
逨盉 …………………………………… / 10
单五父壶 ……………………………… / 13
天盉 …………………………………… / 16
叔五父匜 ……………………………… / 18
单叔鬲 ………………………………… / 20

户氏瑰宝

铜禁 …………………………………… / 22
户方彝 ………………………………… / 24
户卣 …………………………………… / 26
方座簋 ………………………………… / 28
扉棱鼎 ………………………………… / 30
铜戟 …………………………………… / 31
亚羌父乙罍 …………………………… / 32
亚共庚父丁尊 ………………………… / 34
癸盘 …………………………………… / 36

兽面纹斗 ……………………………… / 38
万甗 …………………………………… / 40

彉国精粹

彉季尊 ………………………………… / 42
蕉叶纹鼎 ……………………………… / 44
兽面纹簋 ……………………………… / 46
伯各卣 ………………………………… / 48
伯各尊 ………………………………… / 51
兽首旌饰 ……………………………… / 53
筒形直棱纹提梁卣 …………………… / 54
直棱纹尊 ……………………………… / 56
人头銮内钺 …………………………… / 57
兽面纹双耳方座簋 …………………… / 58
彉伯鍪 ………………………………… / 60
兽面纹护轴饰 ………………………… / 62
象尊 …………………………………… / 63
大鸟尊 ………………………………… / 64
井姬盂锥 ……………………………… / 65
男女铜人 ……………………………… / 66
人首纹辕饰 …………………………… / 67

双耳高圈足簋……………………… / 68	金双鱼纹镜……………………… / 103
㝬伯四耳方座簋…………………… / 70	辽蜂巢纹镜……………………… / 104
㝬伯双耳方座簋…………………… / 72	明仿汉六乳禽兽纹镜…………… / 104
四耳簋……………………………… / 74	新石器时代青玉璧……………… / 105
伯方鼎……………………………… / 77	西周玉鹿………………………… / 106

藏珍举要

何尊……………………………… / 79	西周龙形佩……………………… / 107
刖刑奴隶守门方鼎……………… / 82	西周玉牛首……………………… / 107
母子虎…………………………… / 86	西周玉虎………………………… / 108
鲤鱼尊…………………………… / 87	汉玉辟邪………………………… / 109
错金银壶………………………… / 88	汉俏色玛瑙剑璏………………… / 110
秦公镈…………………………… / 90	汉龙纹鞢形佩…………………… / 110
秦公钟…………………………… / 92	明透雕石榴纹玉饰……………… / 111
矢王簋盖………………………… / 96	清碧玉如意……………………… / 111
	新石器时代仰韶文化龟形壶…… / 112

下篇　瀚海拾珍

	新石器时代马家窑文化蛙纹陶罐…… / 112
西周素面铜镜…………………… / 98	汉陶厕…………………………… / 113
战国弦纹铜镜…………………… / 98	汉羽阳千岁瓦当………………… / 113
汉尚方铭羽人神兽博局纹镜…… / 99	唐力士俑………………………… / 114
东汉悬璧铭六乳四神纹镜……… / 100	唐三彩镇墓兽…………………… / 115
唐飞天花鸟纹菱花镜…………… / 101	唐彩绘人面兽身四目镇墓兽…… / 116
唐瑞兽葡萄纹镜………………… / 102	宋胡人牵驼画像砖……………… / 117
宋牡丹纹镜……………………… / 103	**后记**……………………………… / 118

上篇 吉金耀世

◀ 微信扫码
让您足不出户,"云"游博物馆

★ 配套高清彩图
★ 配套音频、视频

家庙重器

宝鸡历史悠久，土地肥美，在西周时期属于王朝的核心区域，是众多贵族的封邑。几千年后，这里先后发现了西周贵族遗留的数以百计的青铜器窖藏坑，从中出土的许多青铜器上都铸有珍贵的长篇铭文，这些铭文是了解当时周王与贵族的重要资料。

2003年，陕西宝鸡眉县马家镇杨家村的5位农民在取土时，意外发现了一处西周青铜器窖藏，共出土青铜器27件，其上均有铭文，共计4048字，这是中国考古史上绝无仅有的发现。这些历史悠久的家庙重器皆为单氏家族所有，铜器上的铭文记述了单氏家族作为姬姓贵族，历代辅佐周王征战理政、管理虞林，参与了王朝兴衰的历史。

迄今为止，在眉县杨家村已发现3处单氏家族的青铜器窖藏，从中出土的青铜器为西周晚期青铜器的谱系研究和断代研究提供了标准器，证明了《史记》所载西周诸王世系的正确性，对于研究单氏家族及中国家谱发展史也有重要意义。虽然单氏家族早已消失在历史长河中，但是凭借这些青铜器上的铭文，我们不仅能够了解单氏家族的兴衰，也可以从中窥见西周历史及社会制度等诸多方面的大致面貌。

逨盘

2003年出土于眉县杨家村青铜器窖藏，时代为西周晚期，通高20.4厘米，口径53.6厘米，重18.5千克。器形厚重，兽首衔环和兽形足的造型生动狞厉。器身饰窃曲纹，简洁大方；满布翠绿色铜锈，古朴庄严。盘内底部铸铭文21行，共373字，记载了单氏家族8代人辅佐西周12位君王征战沙场、治国理政的历史。铭文所记载的周王世系及重要历史事件，与《史记》等文献的记载基本吻合，如文王、武王克商，成王、康王开拓疆土，昭王征伐楚荆，穆王四面征战，等等。这些铭文第一次从考古实物资料的角度证实了西周各王世系，同时，对夏商周断代工程所拟定的西周年表做了检验，具有证史、补史的作用。

逨盘是杨家村窖藏27件青铜器中铭文字数最多的一件，超过了著名的墙盘，也是现存青铜盘中铭文最长的一件，为西周晚期青铜器的谱系断代研究提供了标准器，对于西周王年的界定有不可替代的重要意义，是一部当之无愧的"青铜史书"。

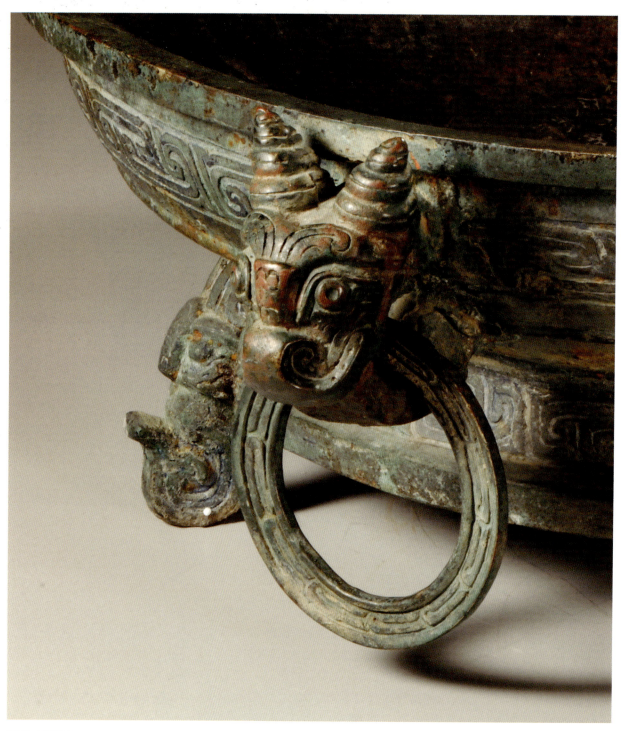

逨盘（局部）

速盘铭文拓本

四十二年逨鼎（甲）铭文

四十二年逨鼎

2003年出土于眉县杨家村青铜器窖藏，时代为西周晚期，共两件，形制、纹饰和铭文相同，大小相次。甲鼎口径48厘米，通高58厘米，重44.5千克；乙鼎口径47厘米，通高51厘米，重35.5千克。器形宏大厚重，纹饰华丽精致。器身受到特殊埋藏环境的影响，氧化程度较低，多数保留着青铜器的本色——金黄色，尽显青铜之美。鼎的内壁铸有铭文25行，共281字，记述了单逨作为长父侯的副手，率领军队与猃狁进行殊死搏斗，最终取得胜利，因而受到周宣王赏赐，单逨为感谢天子的嘉赏，铸造了这两件铜鼎用以祭祀之事。

铭文中的王年、干支、月相是解开西周历史之谜的密码。铭文中记述的西周战事，印证了西周晚期周王朝与猃狁对战的史实，是研究西周社会和战争情况的重要资料。此外，铭文中的"余肇建长父侯于杨"，是西周时期分封制最好的见证。

四十二年逨鼎（甲）

四十二年逨鼎（乙）

四十三年逨鼎(丙)

四十三年逨鼎

2003年出土于眉县杨家村青铜器窖藏,时代为西周晚期,共10件,形制、纹饰和铭文基本相同,大小相次。最大的鼎口径49.7厘米,通高58.5厘米,重46千克;最小的鼎口径21.5厘米,通高22.5厘米,重3.9千克。其立耳、圜底、蹄足的造型彰显出古朴之气,龙纹和环带纹的装饰华丽大气。鼎腹内壁铸有铭文31行,共316字,其中第九、第十号鼎因器形较小而合铸一篇铭文。整篇铭文记述了器主单逨于周宣王四十三年(前785)再次受到天子册封和赏赐之事。

四十三年逨鼎是迄今为止发现的西周时期保存得较为完整的青铜列鼎之一。鼎腹内壁所铸铭文行列分明,字体匀称,凸显了整体章法上的统一感和秩序感。铭文中反映的西周册命礼是目前所见较为完备的册命礼仪,包括时间、地点、参与人员及流程等,十分详细,为我们了解西周册命制度提供了第一手资料。值得注意的是册命礼中天子对任命者的训诫环节:周宣王以四个"毋敢",对单逨提出任职要求,真实地再现了西周预防腐败的吏治思想,是我们研究中国廉政历史和传统吏治思想的重要资料。

四十三年逨鼎(丙)铭文拓本

四十二年逨鼎(2件)和四十三年逨鼎(10件)

逨盉

2003年出土于眉县杨家村青铜器窖藏，时代为西周晚期，通高48.5厘米，重达12千克，器形较大，属盉中的佼佼者。器身为鼓形，盖为展翅欲飞的凤鸟形；器身与盖以虎形链及双环相连，虎头歪向一侧，作向上攀爬状，憨态可掬，悠然自得，却不失兽中之王的威严。管状流设计成横空出世的龙形，舞动的龙身从器腹一侧探出，龙口大张，美酒似乎随时要从它口中喷涌而出。盉鋬好像一条正在遨游的祥龙，吞云吐雾，呼风唤雨。4个龙首形足将盉体稳稳地托起，稳健灵动。盉腹两侧有三圈纹饰，由外而内分别为夔龙纹、重环鳞纹和蟠龙纹。器盖内铸铭文3行20字："逨乍（作）朕皇高祖单公圣考尊盉，其万年子孙永宝用"。

逨盉造型独特，构思奇妙，纹饰构图饱满，立体图案与平面图案相互交错。它将天上飞翔的凤鸟、水中遨游的巨龙、地上奔跑的老虎巧妙地结合在一起，呈现出一幅龙腾虎跃凤呈祥的吉祥画面，使庄严肃穆的礼器增添了几分生动活泼的气息。逨盉作为祭祀的重器，以龙、凤、虎作为沟通天地、人、神的使者，将威风凛凛的虎与柔美仁善的凤及刚强雄健的龙连接在一起，刚与柔、动与静相互衬托，彼此呼应，和谐统一。这件逨盉无论是在造型艺术上，还是在思想内容上，都堪称珍品，更寄托着人们对美好生活的向往和追求。

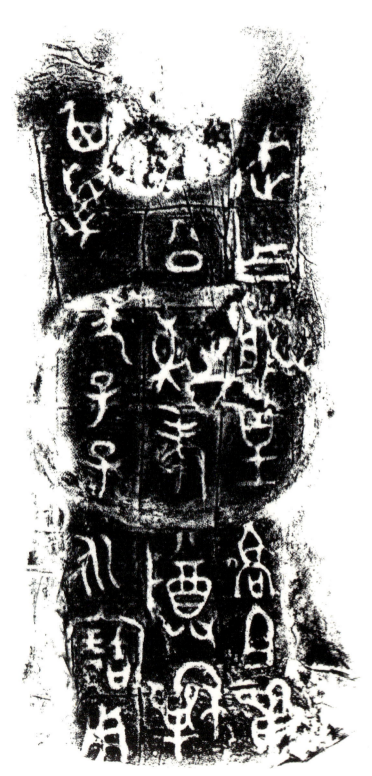

逨盉铭文拓本

逨盉

逨盉（局部）

单五父壶

  2003年出土于眉县杨家村青铜器窖藏，时代为西周晚期，共两件，大小、造型和纹饰基本相同，通高59.6厘米，重25千克，因作器者为单五父而得名。壶体呈椭方形，长颈垂腹，底为圈足。壶身的纹饰以龙纹为主，布局疏密有致，高低错落，动静结合，既具美感，又极富艺术性。壶口内壁铸铭文4行19字："单五父乍（作）朕皇考尊壶，其万年子子孙孙永宝用"。壶盖的子口上有铭文4行17字，内容与壶口内壁上的相同，少了两个重文符号。《诗经·大雅·韩奕》中有"显父饯之，清酒百壶"的记载，可见西周时期青铜壶是作为盛酒器使用的。

  单五父壶体量较大，造型雄浑新奇，纹饰华丽流畅，铸造精良，且保存完好，堪称壶中精品。其优美的造型和绮丽的纹饰将西周青铜艺术之美和青铜匠师的巧思表现得淋漓尽致，不仅反映了西周时期纯熟的青铜铸造技术，同时展现了商周时期辉煌灿烂的青铜文化，对于我们了解和研究西周的青铜文明和酒文化有重要的价值和意义。

单五父壶（局部）

单五父壶（局部）

单五父壶壶盖子口上的铭文拓本

天盂

2003年出土于眉县杨家村青铜器窖藏,时代为西周晚期,通高39.5厘米,口径56厘米,重34.5千克。此盂形体较大,敞口,深直腹。四耳两两一组,相互对应,一对作环状,一对卷曲成象鼻状。盂的上腹部及圈足饰夔龙纹,下腹部饰环带纹,均以云雷纹衬地,整体显示出朴素大方的特点。盂内底铸有铭文2行11字及族徽铭文一个,铭文内容为"乍(作)宝盂其子子孙孙永宝用"。

青铜盂为古代盛食器或盛水器,最早见于商代,流行于西周,春秋时期已少见。天盂是杨家村青铜器窖藏出土的27件青铜器中唯一一件没有器主的铜器,也是唯一一件有完好云雷地纹的器物。

天盂铭文

叔五父匜

　　2003年出土于眉县杨家村青铜器窖藏，时代为西周晚期，通高18.4厘米，通长36厘米，重2.4千克。此匜整体呈瓢形，曲口直唇，前有宽流，流略上扬，后置龙首鋬，下有4个龙首足。口沿下饰窃曲纹，腹部饰瓦楞纹，鋬上饰窃曲纹。内底铸有2行14字铭文："叔五父乍（作）旅匜，其万年子孙永宝用"。匜的四足和底部有很厚的烟炱，证明其为实用器。

　　奉匜沃盥是中国古代祭祀典礼之前的重要仪式，也称"沃盥之礼"。"沃"即浇水，"盥"即洗手，"匜"指注水盥手之器，相当于瓢或舀水器。匜一般前有流，后有鋬，为了防止放置时倾倒，底部常铸有三足或四足。叔五父匜纹饰华丽繁缛，铭文字体遒劲古朴，极具艺术价值。

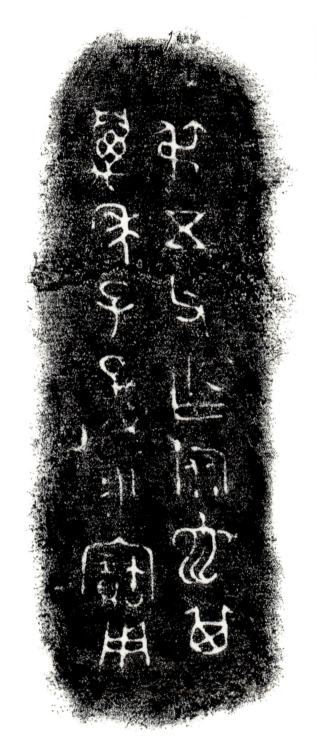
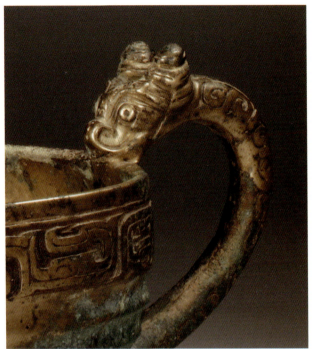

叔五父匜铭文拓本　　　　叔五父匜（局部）

单叔鬲

2003 年出土于眉县杨家村青铜器窖藏，时代为西周晚期，共 9 件，形制、纹饰基本一致。鬲是我国古代特有的一种器物，侈口，三袋足，用于炊煮、加热粮食。青铜鬲是仿照陶鬲的形态制作而成的，承载着先秦礼制的重要内容，在青铜礼器组合中占有重要地位。

青铜鬲出土数量较多，但 9 件为同一人所作较为罕见。单叔鬲器形矮小厚重，纹饰简洁古朴。口沿内侧铸铭文 17 字，内容为"单叔乍（作）孟祁尊器，其万年子子孙孙永宝用"。铭文中的"单叔"与同一窖藏青铜器铭文中的"叔五父"（叔五父匜）、"单五父"（单五父壶）为同一人；"祁"乃孟祁，为单叔之妻，孟国人。这些铜鬲是单叔为其妻所铸。史书中并无有关孟国的记载，但能与西周王室贵族单叔联姻，可见孟国也是较为强大的邦国。单叔鬲的铭文为我们研究单氏家族的姻亲关系及西周末年的诸侯国提供了最新的资料。这 9 件单叔鬲是研究铜鬲分期断代及其地域特征等不可或缺的珍贵资料。

单叔鬲口沿内侧铭文拓本

户氏瑰宝

公元前 1046 年，武王伐纣，一举攻灭殷商，由此开启了中国历史上一个崭新的王朝，史称西周。伴随着周人东征西伐、开疆拓土，周王朝的势力范围不断延伸。为了统治广袤的疆土，周王朝开创了分封制，将天下分封给有功的贵族等，作为王室的屏藩。其中有许多功臣被分封在今宝鸡一带，屏卫周王朝的西陲重地。

3000 多年后的今天，考古人员幸运地通过科学发掘的方式，在宝鸡石鼓山西周贵族墓地，收获了许多商末周初的青铜器，通过研究其中带族徽与日名的青铜器，发现很多属于商末贵族的器物，可能为克商之后俘获的战利品。其中，石鼓山 3 号墓出土的方彝和卣上都有铭文"户"字，专家推测其为墓主的族名，石鼓山墓葬的墓主可能就是周人集团中以"户"为氏的姜姓贵族。户氏瑰宝的发现，对于研究商末周初复杂的历史、社会问题，以及这一时期的族属、文化、礼制等提供了重要的线索。

1号铜禁及其龙纹

铜禁

2012年6月，宝鸡渭滨区石鼓山发现西周早期贵族墓葬，时代为商末周初。其中3号墓出土了两件铜禁，分别命名为1号、2号铜禁。这两件铜禁均为长方体，古朴端庄。1号铜禁是目前所见铜禁中最大的一件，通高20.5厘米，长94.5厘米，宽45厘米，重41.8千克，周边饰夔龙纹，正中饰直棱纹，简洁大方，主次分明。2号铜禁通高10.3厘米，长17.4厘米，宽14.4厘米，重2.06千克，外饰夔龙纹和凤鸟纹。"禁"的意思是禁止，其命名源于戒酒，所以把用来安放酒具的几案命名为禁。

周人在建国之初，就建立了一整套较为完整的治国体系，上到国家层面的祭祀、军事、法律制度，下到百姓日常生活秩序、伦理纲常等等，这就是我们常说的周礼。酒礼是西周礼乐制度不可缺少的组成部分，国家不仅设置酒正和酒人等官职来控制酒的生产和消费，而且为了改变前代的饮酒奢靡之风，还颁布了中国历史上第一部关于禁酒的成文法典——《酒诰》。"藏礼于器"是西周礼制的最大特色，将西周的禁酒令物化为人们祭祀宴飨用的青铜礼器，既是以潜移默化的形式教化民众，有效督促民众自觉禁酒，更是为了时刻提醒、警示大家不要忘记殷商亡国的教训。具有时代风格的酒器铜禁便在这样的社会背景下应运而生了。

石鼓山3号墓1号铜禁出土时，其上摆满了彝、卣、觯等酒器，从考古学的角度证实了铜禁的功能，对其断代及器物组合研究具有重要意义。

2 号铜禁

2 号铜禁

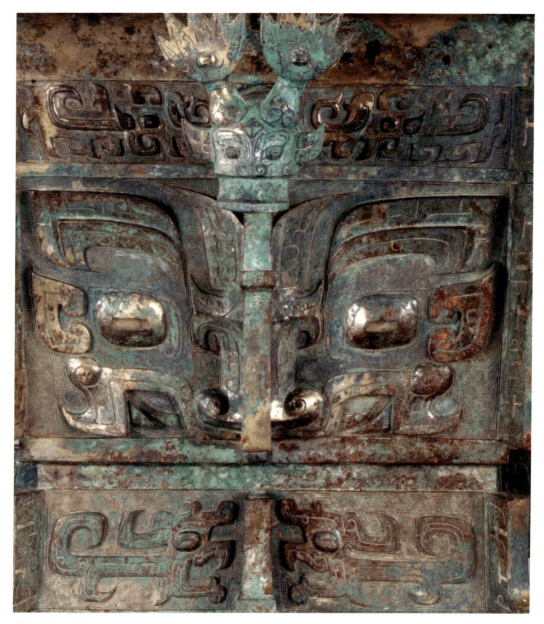

户方彝（局部）

户方彝

  2012年6月出土于宝鸡渭滨区石鼓山西周贵族墓地3号墓，时代为商末周初，通高63.7厘米，口长35.4厘米，宽23.5厘米，重35.55千克。此彝为庑殿式屋顶盖，长方形器身，有4个高浮雕兽耳。器身装饰十分繁缛，满布兽面纹及夔龙纹，且镂雕扉棱，以云雷纹作地。盖顶和器底皆铸有铭文"户"字。

  户方彝是我国目前所见最高的方彝，打破了以往规整的器物形态的桎梏，造型华美张扬，高大凝重，整体奢华富丽，显示出不可言喻的震撼力，是青铜艺术创新的杰作。器表装饰发达的扉棱，通过线条的流转，达到空间的延伸，视觉上立体感增强，极具个性和张力，体现了古人独特的审美观念。

  石鼓山3号墓发掘出土了大量的铜礼器，表明墓主的身份十分尊贵。3号墓应该是一座高规格的贵族墓葬，其中户族器物是首次发现，可以认为"户"就是墓主家族的族徽，而今天的宝鸡石鼓山一带可能就是户氏家族的墓地。

户方彝

1号户卣及其铭文拓本

户卣

  2012年6月，宝鸡渭滨区石鼓山西周贵族墓地3号墓出土了两件铜卣，因其上铸有铭文"户"字而得名"户卣"。两件户卣时代为商末周初，大小不一，通高分别为50厘米和36厘米，形制、纹饰及铭文相同。卣体呈椭圆形，有提梁，带盖。通体装饰大小凤鸟纹和直棱纹，且有高浮雕兽首及夔龙纹相互映衬，云雷纹衬地，十分繁缛华丽。户卣的造型大量采用了高浮雕的装饰手法，既棱角分明，简朴粗放，立体感十足，又威严壮美，不失神秘庄重，属卣中精品，是商周青铜艺术的杰作。

  两件户卣出土时，与户方彝并列放置在长方形铜禁上，显然是成套的酒器组合，也是目前唯一有详细出土记录的铜禁酒器组合。户卣上装饰的带有手掌状角的兽首可以说是宝鸡地区独有的，极具地域特色。

2号户卣

方座簋

2012年6月出土于宝鸡渭滨区石鼓山西周贵族墓地3号墓，时代为商末周初，通高23.8厘米，口径19.6厘米，重4.73千克。此簋双耳，有方座，器身装饰有十分独特的高浮雕凤鸟纹，凤鸟为立姿，象鼻状喙，人面，兔耳，花冠，直肢，高翅，长羽翼，腹下部和喙部饰鳞片状纹。这件方座簋上的纹饰较为特别，方座上的象鼻、人面、两足的凤鸟纹较为少见，艺术性极高，与常见的西周凤鸟纹有较大差异，具有较为鲜明的商代风格。这件方座簋的出土，对于研究青铜纹饰的演变及铜器断代等具有重要意义。

方座簋上的凤鸟纹，也称象鼻凤鸟纹、神鸟纹。西周工匠将鸟类的飞行能力、大象的力量和人类的智慧都赋予了凤鸟，使它像神灵一般无所不能。因而凤鸟纹不单是一种装饰，更寄托了周人与神灵沟通以求得庇佑的殷切期望。

方座簋（局部）

方座簋（局部）

扉棱鼎

2012年6月出土于宝鸡渭滨区石鼓山西周贵族墓地3号墓,时代为商末周初,通高44厘米,口径34厘米,腹深22.2厘米,重15.9千克。鼎有附耳,鼓腹,圜底,蹄足。腹部及足外有镂雕扉棱,其余各处饰卷尾夔龙纹、直棱纹、蕉叶纹及兽面纹等,多以云雷纹作地。这件扉棱鼎是商周时期青铜艺术的珍品,器形较大,镂雕的扉棱装饰使得此鼎不仅更加狞厉精美,而且更显端庄威严。

扉棱鼎为宝鸡地区所特有,具有浓郁的地域特色。而且这类大型鼎在一个墓葬中仅有一件,极有可能是文献中所称的镬鼎,体现了商周列鼎组合的特色。

铜戟

2012年6月出土于宝鸡渭滨区石鼓山西周贵族墓地3号墓，时代为西周早期。此戟为矛与戈的合体，矛为竖向，长23厘米，戈为横向，长18.5厘米。铜戟阑部的穿孔方便将其与木柲绑缚在一起，较长的戟柄可操作幅度更大，并且融合矛之前刺、戈之横勾的优点，更适合在战车上使用，具有较强的杀伤力。

戟是西周时期兴起的一种长兵器，它将戈的勾啄和矛的直刺功能结合在一起，既可以用于刺杀，也可以用于勾啄。东周时期骑战和步战兴起，戟在战争中使用得愈加频繁，基本取代了戈的地位，成为与矛并重的兵器。《诗经·秦风·无衣》中有"修我矛戟。与子偕作！"说明当时戟和矛一样，是士兵的主要作战兵器。当时用戟之盛，可见一斑。

仔细观察这件铜戟，就会发现它的戈援已经卷曲变形，这不是在墓葬中被挤压造成的，而是出于一种毁兵葬俗。毁兵葬俗是指在死者入殓或下葬之前，人们先人为地损坏随葬的青铜兵器，再特意将其放置在棺椁或墓室的不同位置。鉴于商人亡国的教训，周人试图用礼的力量来维系新建立的社会秩序，于是有了毁兵葬俗。

亚羌父乙罍铭文拓本

亚羌父乙罍

　　2012年6月出土于宝鸡渭滨区石鼓山西周贵族墓地3号墓，时代为商代晚期，通高50厘米，口径18.2厘米，重14.08千克。此罍有盖，肩部有双耳，下腹部有高浮雕牛首鋬。纹饰较为简洁素雅，仅在盖面和肩部饰一周圆涡纹，肩部有对称的高浮雕牛首衔环耳。口沿内铸有铭文"亚羌父乙"4字。亚羌父乙罍形体高大，器形厚重，是极为难得的商周铜罍精品。罍为盛装酒或水的礼器，从商代晚期开始出现，流行于西周和春秋时期。

亚羌父乙罍

亚共庚父丁尊（局部）

亚共庚父丁尊

　　2012年3月出土于宝鸡渭滨区石鼓山西周贵族墓地1号墓，时代为西周早期，通高25.8厘米，口径20.2厘米，圈足径14.2厘米，重2.7千克。此为觚形尊，口为喇叭状，腹鼓，圈足外撇，与常见的铜尊不同的是腹外有半圆形牛首鋬。器身纹饰较为简洁，以列旗夔龙纹为主。这种列旗夔龙纹很少见，罕有与之相似者。圈足内壁铸有铭文"亚共庚父丁"5字。

　　亚共庚父丁尊的形制十分特别，带有单鋬，与常见的铜尊不同，较为罕见，类似形制的铜尊在全国范围内也为数不多。其功能与同类器也有一定的区别，既可用于宗庙祭祀，又可于行旅和征伐时携带，单鋬的存在是为了便于移动。

亚共庚父丁尊及其铭文拓本

癸盘

2012年6月出土于宝鸡渭滨区石鼓山西周贵族墓地3号墓,时代为商代晚期,通高13.6厘米,口径36.6厘米,圈足径22.4厘米,重3.8千克。此盘敞口浅腹,圈足较高,盘身装饰古朴大方,以连珠纹、夔龙纹及高浮雕兽首为主,腹内底铸有4字铭文。

商周时期,贵族祭神拜祖、宴飨时必须先洗手,称为沃盥之礼。一般用匜或盉注水盥手,以盘盛水,所以盘是与匜或盉配套使用的水器。考古发掘中也常见盉等注水器置于青铜盘内的现象。

癸盘铭文

兽面纹斗(局部)

兽面纹斗

2012年6月出土于宝鸡渭滨区石鼓山西周贵族墓地3号墓,时代为商末周初,长32.5厘米,重0.44千克。此斗形体较大,斗身为小桶状,曲柄。斗柄出自斗腹下部,下曲上翘,弯曲处饰牛首纹,柄末端逐渐变宽,呈三角形。

斗为舀酒器,可将酒从盛酒器中舀出,倒入温酒器或饮酒器中。在考古发掘中,卣与斗经常一起出土,有的斗就置于卣等盛酒器内,如宝鸡市㝬国墓地竹园沟13号墓的蝉纹斗出土时就是放置在筒形直棱纹提梁卣内的。这件兽面纹斗的出土,为我们研究西周铜斗的功能及西周酒文化提供了重要的资料。

兽面纹斗

万甗

万甗铭文拓本

  2012年6月出土于宝鸡渭滨区石鼓山西周贵族墓地3号墓，时代为商末周初，通高47.5厘米，重7.93千克。此甗为甑、鬲连体，中间束腰，甑、鬲之间有箅子相隔，箅子与甗的内壁以环相接，箅上有5个"十"字形镂孔。器身饰有兽面纹及象首纹，简洁明了，古朴大方。甗的口沿内铸有族徽铭文"万"字。该甗底部有较厚的烟炱痕迹，证明其为实用器，为研究西周铜甗的断代及形制发展等提供了珍贵的实物资料。

  甗最初出现于新石器时代晚期，初为陶制，商周时期仿制为青铜礼器。甗相当于我们今天用的带箅子的蒸锅。我们的祖先率先掌握了用水蒸气将食物做熟的方法，这就是蒸。蒸具与水保持一定的距离，纵然水煮沸了，也不会接触食物，这样食物的营养物质就会全部保留在食物内部。蒸在当时是十分先进的烹饪方式，甗就是实现这种烹饪方式的最好工具：甗下部为鬲，三足之间可以点火，用于加热鬲内的水，上部为甑，中间有箅子，可将需要加热的食物放于其上，使其与水隔开，水蒸气通过箅子上的孔上升，从而蒸熟食物。

弜国精粹

20世纪70至80年代，宝鸡市茹家庄、竹园沟、纸坊头三地发现了一个失载于史的小方国的墓葬群，出土文物3000余件，代表性墓葬出土的青铜器多铸有包含"弜"字的铭文，向世人展示了弜国的存在，将这个湮灭于历史长河、未载于史籍文献的古老方国带到我们眼前，告知其兴衰历程。

根据考古发现，弜一族源自巴蜀地区，第一代弜伯因追随武王伐商，有功于周王室，因而被分封在今宝鸡西南一带。弜国作为周人的盟友，和其附近的矢国、夌国等在周原西陲边地共同构筑起周王朝的防御体系。

然而蹊跷的是，西周中期之后，弜国踪迹渐失，或被兼灭，或被迫迁徙他处，从此销声匿迹，因而有关弜国的记载就在漫长的历史中湮灭了。

強季尊（局部）及其铭文拓本

強季尊

  1980年出土于宝鸡市強国墓地竹园沟4号墓，时代为西周中期，通高22.1厘米，重2.15千克。此尊呈长方形扁椭状，尊体低矮，口沿卷曲外侈，为喇叭状。颈部较高，微敛。下腹垂鼓，腹侧有一兽头鋬，腹下部为4个扁形虎足。器身纹饰较为简朴，以夔龙纹、夔凤纹为主，以细密的云雷纹衬地。尊底有2行6字铭文："強季乍（作）宝旅彝"。

  強季尊的形制和纹饰风格都十分独特，带有单鋬，既可用于宗庙祭祀，也可用于行旅与征伐。

弭季尊

蕉叶纹鼎

1980年出土于宝鸡市強国墓地竹园沟7号墓，时代为西周早期，通高36.8厘米，口径29.8厘米，重6.7千克。鼎口呈桃圆形，立耳，深腹，圜底，柱足。上腹部及柱足饰有兽面纹，下腹部饰有以两条对称的夔龙组成的蕉叶纹，以云雷纹衬地。这类以两兽躯体纵向对称排列作为蕉叶形式的纹饰，大多出现在觚的颈部和鼎的腹部，盛行于商末周初。

西周蕉叶纹鼎以纹饰精美著称，对于我们研究商周青铜器纹饰的变化具有重要价值。在商周青铜器中，每一类纹饰在一般情况下都不会单独装饰于一件器物之上，通常是各种纹饰相互结合，将青铜器的美表现得淋漓尽致。

蕉叶纹鼎（局部）

兽面纹簋

兽面纹簋有两件，1980年出土于宝鸡市強国墓地竹园沟7号墓，时代为西周早期。两件铜簋的大小、形制、纹饰及铭文全部相同，为同时铸作。通高16.3厘米，口径21.2厘米，腹深11.8厘米，圈足径17.3厘米，重3.02千克。簋圆口微侈，鼓腹较深，高圈足，两兽耳有珥。簋身纹饰十分别致，以兽面纹、涡纹和夔龙纹为主，通体无地纹，多数纹饰突起，呈浮雕状，极具立体感。簋内底有铭文"乍（作）宝彝"3字。这两件铜簋器形厚重，通体少有锈蚀，光洁无华，素雅古朴，是西周青铜艺术精品。

兽面纹簋（局部）

伯各卣（局部）

伯各卣

  1980 年，宝鸡市㝬国墓地竹园沟 7 号墓出土了两件伯各卣，时代为西周早期，纹饰繁缛华丽，铸造技术高超精准。两卣一大一小，属于常见的椭圆形卣，器盖中央高耸着牺首状捉手，深腹下垂，高圈足，带状提梁与器身以环套接。卣身满布纹饰，俗称"满花"。4 道华丽的高扉棱自器盖纵贯至圈足，将卣体纹饰分为 4 个区域。纹饰由内到外分为 4 层：以云雷纹衬地，繁缛华丽；浅浮雕的夔龙纹疏密有致；高浮雕的大饕餮兽面神秘威严；圆雕的牛首和羊首生动写实又吸引人的眼球。卣内底和盖内壁铸铭文 2 行 6 字："伯各乍（作）宝尊彝"。"伯各"是铜卣主人的名字，为㝬国一代国君。

  伯各卣端庄典雅的造型，扣合紧密的器与盖，活动角度恰到好处的提梁，层次清晰、疏密有致、线条流畅的纹饰，都得益于工匠娴熟、精湛的铸造技艺。伯各卣的铸造采用了 50 块模范才浇铸成形，如此复杂的工序，没有缜密的设计和熟练高超的铸造技术是根本不可能完成的。使两件铜卣的形态、纹饰、风格一致，则更不容易。伯各卣的装饰风格不同于以往的青铜器：既有传统的装饰题材，比如幻化出来的饕餮兽面和造型各异的龙纹，也有非常写实、生活气息浓郁的牛羊形象，抽象与具象完美结合，使得青铜器的装饰纹样不再神秘狞厉，更趋于生活化、艺术化。这两件伯各卣是不可多得的西周青铜珍品。

伯各卣

伯各卣（局部）

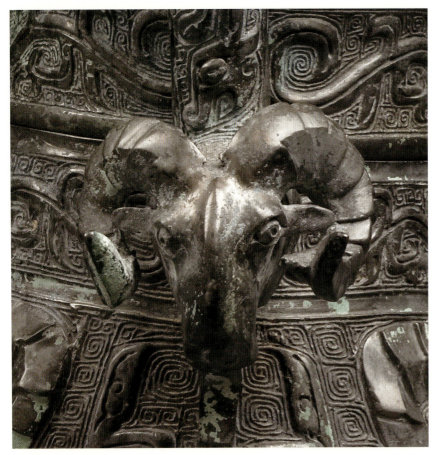

伯各卣（局部）

伯各尊（局部）及其铭文拓本

伯各尊

  1980年出土于宝鸡市㚤国墓地竹园沟7号墓，时代为西周早期，通高25.8厘米，口径20.7厘米，重3.25千克。尊体为深圆筒状，喇叭口，高圈足。通体以四道高扉棱贯穿上下，将尊体纹饰分为四个区域，以蕉叶纹、夔龙纹、夔凤纹、大饕餮兽面纹为主，通体以云雷纹衬地。尊内底有铭文2行6字："伯各乍（作）宝尊彝"。

  伯各尊满身披绿锈，器形庄严厚重，纹饰华丽繁缛，是西周青铜器铸造技艺达到高峰时的佳作。它将圆雕、高浮雕、浅浮雕和地纹融为一体，从而呈现出威严感、神秘感和崇高感。

伯各尊

兽首旄饰

1980年出土于宝鸡市강国墓地竹园沟7号墓,时代为西周早期。旄饰分为旄首、镈和木柲,旄首通长18.5厘米,镈长5.6厘米,木柲只余残痕。旄首为鸭首形,内部中空,鸭首顶部有一兽面纹饰,銎口呈桃心形,可纳木柲。镈为圆柱形,銎口微敛,顶端圆鼓封闭,饰有凤鸟纹及鱼鳞纹。旄首和镈上皆有小钉孔,可与木柲固定在一起。根据残存的木柲痕迹复原整个旄饰,其长度应在50厘米左右,旄首上可能有璎珞一类的饰物。

这件西周兽首旄饰设计独特别致,纹饰生动,布局巧妙,颇有意趣。旄饰的出土位置在该墓中的青铜礼器旁边,地位十分显著,可确认其为仪仗器具,对于研究该墓的墓葬性质以及西周的仪仗用具具有重要的意义。

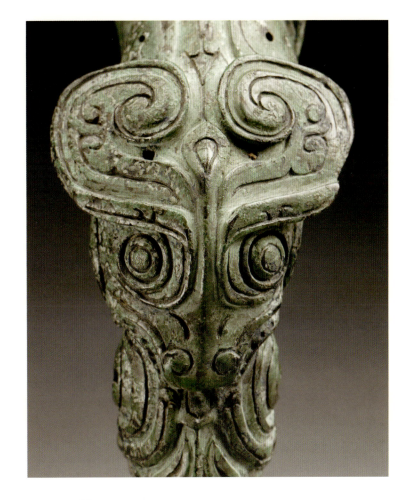

筒形直棱纹提梁卣

　　1980年，宝鸡市𢐗国墓地竹园沟13号墓出土了两件筒形直棱纹提梁卣，时代为西周早期。两卣大小不同，但形制、纹饰相似。卣体为直筒式，有圆形盖和宽提梁。铜卣纹饰十分独特，以直棱纹为主，间饰夔凤纹及兽面纹，提梁两端饰有高浮雕兽首。这两件卣形体修长，造型奇特却不失端庄，纹饰华丽又不失简洁疏朗，为西周青铜卣之珍品。

　　卣是商周时期高等级贵族中十分流行的一种青铜礼器，主要用于盛放祭祀用的香酒。筒形提梁卣是青铜卣中形制极为特殊的一类，存世数量稀少，流行时间也很短，大约出现在商末周初，西周早期之后就消失不见了。根据考古发现，这种筒形提梁卣多为一大一小两件，作为固定组合使用。这两件筒形直棱纹提梁卣对于我们研究商周时期青铜卣形制的发展演变及酒文化等有重要的意义。

筒形直棱纹提梁卣（局部）

筒形直棱纹提梁卣（局部）

直棱纹尊

1980年出土于宝鸡市强国墓地竹园沟13号墓,时代为西周早期,通高25.4厘米,口径17.4厘米,重2.4千克。这件铜尊的造型十分简朴,尊体呈圆筒状,喇叭口,高圈足。器身纹饰疏朗工整,主纹饰为直棱纹,周边装饰弦纹、夔凤纹及高浮雕兽首,以云雷纹衬地。

在强国墓地各墓葬出土的器物中,我们可以看到一种酒器组合——尊卣组合,在这个组合中,尊与卣的铭文和纹饰风格相同。这个组合在西周早期为一尊二卣,卣一般为一大一小两件,如强国墓地著名的尊卣组合——伯各尊和伯各卣。到了西周中期,尊卣组合又演变为一尊一卣。西周晚期,青铜壶取代了青铜尊和青铜卣,成为最主要的酒器,尊和卣就退出了历史舞台。

人头銎内钺

  1980年出土于宝鸡市弸国墓地竹园沟13号墓，时代为西周早期，通长14.3厘米，刃宽7.8厘米，重0.45千克。此钺由两部分组成：一部分为长方形銎内钺，舌形刃较宽；一部分为中空人首，以木柲与钺相连。钺两侧装饰浮雕兽首，钺身饰蛇纹，刃部饰兽面，上下两端饰呈回首行走状的圆雕老虎，虎身矫健，充满活力，虎尾与刃相接。人首方脸，浓眉大眼，高颧骨，圆鼻头，阔口，额前有齐刘海，脑后有发辫，神态温厚。人首的面部有典型的西南人种特征，留发辫则是西南、西北地区氐羌人的特有习俗。整个铜钺制作精良，小小的钺上，人与虎、兽、蛇等动物造型生动，布局巧妙。

  钺是中国古代一种长柄、有弧刃的劈砍兵器，作用类似于战斧，由作为复合生产工具、带柄穿孔的石斧发展演变而来，在商周时期十分流行。但这件西周人头銎内钺并不是一件实用兵器，而是具有权杖性质的仪仗用器，是杀伐权力的象征，也是执掌军事大权的信物。在西周青铜器铭文中，我们经常可以看到周王给有功之臣赏赐弓箭和斧钺的记载，其真正用意是授予权威和武力，使其代王行征伐之事。

兽面纹双耳方座簋

1980年出土于宝鸡市強国墓地竹园沟13号墓,时代为西周早期,通高25.9厘米,口径19.7厘米,重4.75千克。此簋口外对生双耳,兽耳下有长垂珥,深腹微鼓,圈足下连有四方座,方座内悬挂一小铜铃,为二次所铸。兽耳上半为兽首,下半作立鸟状,圆目钩喙,昂首眺望,形象极为生动。器身纹饰以高浮雕大兽面纹为主,亦饰有夔龙纹和小兽面纹,以极为细密的云雷纹衬地,十分华丽精致。

方座簋是周文化的产物,也是西周早期出现的器型,使用者多为方国国君或王室重臣。这件兽面纹双耳方座簋与众不同的地方在于其方座内悬挂有一个小铜铃,十分罕见和独特。据专家考证,悬铃器最先发现于北方的李家崖文化遗址,是受北方草原文化的影响而出现。西周时期的悬铃器集中在三个地区,即今宝鸡、随州和晋南。宝鸡地区的悬铃器以簋为主,绝大多数属于方座簋。強国墓地就有数件悬铃铜簋,对于研究悬铃器的发展和演变具有重要意义。

兽面纹双耳方座簋（局部）

兽面纹双耳方座簋（局部）

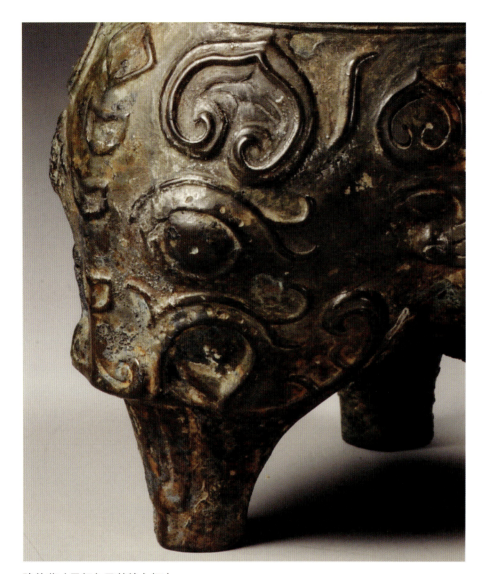 

弓魚伯盉（局部）及其铭文拓本

弓魚伯盉

　　1974年出土于宝鸡市弓魚国墓地茹家庄1号墓，时代为西周中期，通高21.7厘米，重2.55千克。盉（金文作"鎣"）为注水器，形体似盉，带盖，有兽首鋬，盖与盉以"8"字形链相套接。弓魚伯盉的纹饰十分独特，下腹部虎头纹饰极为罕见，虎面憨态可掬，甚是可爱，丝毫没有常见的青铜器纹饰的威仪和庄严之态，而是与宝鸡地区民间布艺虎头鞋上的虎头非常相似，艺术感染力极强。弓魚伯盉器身与盖上的铭文相同，均为"弓魚伯自乍（作）盘盉"。从铭文中我们可以了解到这件器物叫作盉，是与盘组合在一起使用的。恰巧同墓还出土了一件铭文和纹饰风格与弓魚伯盉一致的弓魚伯盘，可知其功能应该与盉相同，是在沃盥礼中使用的水器。

強伯盉

兽面纹护轴饰

1980年出土于宝鸡市强国墓地竹园沟7号墓，时代为西周早期，通长20.3厘米。护轴饰的一头为椭圆形套管，另一头接长方形平掩板。套管下端圆广，上部弧顶收成尖棱，饰三周凸棱弦纹，中部为大兽面纹，兽面曲折似夔，圆目巨口，以尖棱作鼻梁，耳部及背部有三个方形钉孔。平掩板上无地纹，饰有由两对回首折身卷尾的夔龙组成的兽面纹，夔龙独角高耸，圆目外鼓，形象甚为生动。

根据茹家庄西周车马坑的出土情况可知，这类轴饰通常套在车辆主轴之上，位置在轮、舆之间，与轮相接一端的套管折为长方形，上沿向外平折出一梯形平板，覆盖在内辐、内軔之上，保护车毂。

象尊

1974年出土于宝鸡市강国墓地茹家庄1号墓,时代为西周中期,通高23.6厘米,通长37.8厘米,重4.5千克。整件铜尊形似一只肥硕的大象,腹部中空,背上有方盖,与象身以铜环相连,使盖子可开启而不脱落。大象两只圆耳高高耸起,鼻子高扬,嘴巴微张,露出象牙,四足粗壮矮短,象尾自然下垂。器盖装饰卷体蛇纹,器身装饰凤鸟纹,以云雷纹衬地,纹饰布局极为巧妙奇特。这件象尊不仅造型独特,设计也十分科学合理。工匠巧妙地利用大象身体的各个部位,将上卷的象鼻设计成流,使其与腹腔相通,短小的象尾则恰好成为器物的錾手。象鼻的设计极具科学性,其高度与象背处在同一水平线上,中间有圆孔,与体腔相通,这样即使尊内注满了液体,也不会从象鼻中溢出来,与现在的连通器原理吻合。

大象一般生活在温暖湿润、森林茂密的地方,这件象尊的出土不仅说明当时关中地区气候温暖湿润,适宜大象生存,还体现出西周时期的科技发展程度与周人的聪明才智。艺术来源于生活,古人以大象为题材,制作出如此惟妙惟肖的象尊,将动物的形体特征与器物的实用功能完美地结合起来,既美观又实用,不仅寄托了吉祥如意的美好愿望,也为我们研究气候的变迁提供了资料。

象尊属于古代一类形制特殊的尊——鸟兽尊,即形状似鸟兽的青铜尊。鸟兽尊的造型具有雕塑的特点,同时集实用、美观于一体。有的器物还运用了夸张的表现手法,将鸟兽形象表现得淋漓尽致,给人以强烈的视觉冲击和艺术美感,在深沉肃穆的青铜礼器中增添了一抹清新活泼的色彩,因而备受青睐。

大鸟尊

1974年出土于宝鸡市㝬国墓地茹家庄1号墓,时代为西周中期。通高23.5厘米,流至尾长31.2厘米,重3.5千克。造型为鸟形,喙如尖钩,膛脯丰满,长方形尾羽两侧为阶梯状,三足伫立,昂首远眺,体姿优美,神态安详。鸟身中空,背部或有长方形口。鸟身饰鳞毛状羽纹,尾部饰锁链状羽纹。鸟尊体态强健有力,形神兼备,生动逼真,兼具观赏性和实用性,实属商周动物形青铜珍品。茹家庄1号墓共出土了4件大小有别、形制相似的三足鸟尊。

三足鸟在现实中并不存在,周人之所以会创造出三足的鸟尊,一方面是为了增加器物的稳定性,鸟尊的三足与尾羽前后制约,可以起到平衡作用,避免头重脚轻。另一方面与神话传说中的太阳鸟——三足乌有关。太阳朝升夕落,给大地带来光明和温暖,让万物茁壮生长。远古时代,人们认为太阳是由一只金乌背负着从东方飞向西方的;有的人认为太阳就是一只乌鸦,并将其神化为三足乌。三足乌是中国古代神话中的神鸟,也称"金乌""阳乌",反映了远古时期人们对太阳和鸟的图腾崇拜。在仰韶文化的陶器上,就已经出现了在太阳中画三足乌来象征东方日出的图案。从茹家庄墓地出土的三足鸟尊的造型来看,其钩喙锋锐,神态威武,更像是鹰而非乌,可见当时三足鸟并未确定为乌鸦。

动物形象是中国古代青铜器装饰的重要题材,不仅可以抽象为纹饰用来装饰器表,还可以用作整体造型。目前所见的动物形青铜器不过百余件,其中,经考古发掘出土的器物约占一半,其余或为传世品,或因被劫掠盗卖而流失海外。这些动物形青铜器与常见的青铜器不同,更具艺术感染力,也更让人印象深刻。

井姬盂䍃

1974年出土于宝鸡市㳅国墓地茹家庄2号墓,时代为西周中期,通高18.6厘米,通长30.8厘米,重3.25千克。井姬盂䍃又称"貘尊",因其形似貘而得名。貘尊体态圆润丰满,似羊非羊,似猪非猪,昂首站立,双目炯炯有神,双耳形似蒲扇,鼻子形似食蚁兽的鼻子,腿似象腿。貘尊内部中空,背部开方口,口上有盖,盖与器身以环套接,盖钮为一只小老虎,四肢强健,似在缓步前行,俨然一副百兽之王的模样。兽中之王老虎作为盖钮,与体态肥硕的貘相比,显得十分渺小,从而衬托出貘的巨大,具有极强的艺术感染力。貘尊额头处饰菱格纹,耳部饰圆涡纹,前肩及后臀饰卷体凤纹,造型写实,生动传神。盖内铸有8字铭文:"㳅伯勺井姬用盂䍃"。自名为盂䍃,出土时置于盘上,说明其应是与盘组合使用的水器。

貘尊是㳅伯正妻井姬之墓的随葬品,证明了3000多年前宝鸡一带确有热带动物生存,这里曾经或许炎热多雨,森林茂密,水草丰美,自然环境十分适合貘的生存。这件貘尊是西周时期写实动物形青铜器的代表作品之一,也是迄今为止考古发现的年代较早的貘尊之一,十分珍贵难得。

男女铜人

在 1974 年发掘的宝鸡市㴋国墓地茹家庄 1 号墓中,出土了一件男铜人,时代为西周中期,通高 17.9 厘米,残重 0.3 千克。该铜人为站立状,光头圆脸,额头较窄,颧骨突出,细眉大眼,鼻子宽大,两臂举至右上方,手呈圆环状,似有所握。身着对襟袍服,交领垂于胸前,窄长袖,腰部束带,其下有蔽膝。铜人衣下缘有方孔,应是插在木质座上的。

在 1974 年发掘的㴋国墓地茹家庄 2 号墓中,出土了一件女铜人,时代为西周中期,通高 11.6 厘米,重 0.15 千克。该铜人为半身立像,圆脸尖颔,额头较窄,额顶有三叉形铜发饰,双耳硕大,面部隆起,颧骨突出,尖鼻头,胸脯丰满,腰身修长,双手置于身侧,手呈圆环状,似有所握。身着披肩及宽袖窄口的对襟袍服。铜人下身有椭圆形銎口,应是插立于木座上的。

男女铜人的双手与三星堆出土的铜人的双手极为相似,女铜人头上所戴三叉形铜发饰也有着浓郁的古蜀国特色,因此考古专家认为宝鸡㴋国墓地有古蜀国的文化因素,在商周之际,㴋国与古蜀国有着密切的联系。西周墓葬出土的人物造型的青铜器较为少见。这两件铜人出土时放置于棺椁之间头向处,与青铜礼器放在一起,说明其绝非普通装饰品,可能与祭祀或巫术活动有关,但仍然存在很多争议,其背后还有许多秘密有待揭开。这两件铜人也蕴含了许多复杂的文化因素,是十分难得的实物资料,具有重要的艺术价值和历史研究价值。

侧面　　　　　　　　　　　背面

人首纹辕饰

  1974年出土于宝鸡市茹家庄西周车马坑，时代为西周中期，通高12厘米。此辕饰整体为圆管状，顶端封实，纳辀端敞开，辕饰颈部前后有对称的圆孔，用以施键固定辕头、缚连衡木。辕饰正面为高浮雕兽头，兽头束冠，冠上饰云气纹，圆目高突有神，鼻梁隆起，裂口，两腮下垂。兽头背后蹲伏一小人，小人手扶兽冠，面庞宽短，额颅饱满，大耳阔口，鼻头宽厚，身着短裤，束宽腰带，长发披后。小人背部有两只相背回首的小鹿，形象十分生动。

  中国古代的车都是木质的，但在关键部位以铜部件加固，所有的铜部件都有专门的名称，辕饰就是其中之一。茹家庄西周车马坑共出土了3件人首纹辕饰，这是其中最精美的一件。这件辕饰不仅制作精良，是极为罕见的马车饰品，而且纹饰也十分独特，塑造出西周百姓的形象，为我们提供了西周时期人种、发型、服饰等方面的资料，是极为重要的研究资料。

双耳高圈足簋

1981年出土于宝鸡市㢉国墓地纸坊头1号墓，时代为西周早期，通高22.8厘米，口径20.3厘米，重3.3千克，是该墓出土的5件青铜簋中最小的一件。此簋形制较为独特，器腹较浅，兽耳耸起，垂珥较长，圈足极高，筒腹圈足内有小铜铃，奉簋时铃声清脆。纹饰较为简洁古朴，簋身饰瓦棱纹、涡纹、夔龙纹和高浮雕兽首，圈足主要饰以大兽面纹，簋耳为兽形，饰夔纹，通体无地纹。

此簋造型奇特，圈足呈筒状，所占比例大大高于器身，使整个簋身显得极为修长。造型设计别具一格，圈足内有小铜铃，双耳有特长的珥，极为少见。此簋为西周簋中的精品，具有极高的艺术价值和学术研究价值。

簋是用来盛放煮熟的黍、稷、稻、粱等饭食的器皿，在商代早期出现。至西周中期，簋的使用逐渐制度化，并按照使用者的身份等级严格规定使用数量，如七鼎六簋、五鼎四簋等组合方式。西周是食器大发展的时期，簋在这一时期出现了新的形式，有带座的，有在圈足或耳下连铸三足或四足的，亦有在耳的数量上做文章的。这件西周双耳高圈足簋就是西周铜簋发展鼎盛时期的佳作之一。

双耳高圈足簋筒腹圈足内铜铃

弞伯四耳方座簋（局部）及其铭文拓本

弞伯四耳方座簋

　　1981年出土于宝鸡市弞国墓地纸坊头1号墓，时代为西周早期，通高38.7厘米，口径26厘米，重13.45千克。该墓共出土了5件形制各异的青铜簋，这个四耳方座簋是其中最大的一件。此簋由穹庐形簋盖和球形器身两部分组成，器身比例均衡，搭配4个兽形簋耳。器身以夔龙纹、兽面纹及涡纹装饰，通体无地纹。器盖内壁有铭文"弞白（伯）乍（作）宝尊簋"6字。

　　弞伯四耳方座簋器形较大，铸造精良，造型典雅庄重，纹饰风格独特，尽显青铜艺术之美，实为簋中精品。四耳簋在青铜器中的地位十分突出，分布地域广泛，商人、周人的后裔和西周方国的高级贵族皆有使用。但在实际使用过程中，四耳簋并没有双耳簋用起来便利，额外增加的双耳反倒会成为累赘，因而四耳簋在西周初期出现之后并未大规模流行开来，在西周中期前后就消失不见了。

弭伯四耳方座簋

弓鱼伯双耳方座簋
铭文拓本

弓鱼伯双耳方座簋

　　1981年出土于宝鸡市弓鱼国墓地纸坊头1号墓,时代为西周早期,通高31厘米,口径25厘米,重9.35千克。该簋为双兽耳,鼓腹,高圈足,下有方形座,内有悬铃。通身满花装饰,极为华丽。腹身以浮雕大兽面纹为主,以回首折身的夔龙纹为辅,圈足上饰有两两相对的夔龙纹,方座四角饰浮雕小牛头,四壁饰大牛头,牛角微曲,翘立器外。双耳为高浮雕牛首,牛首上有老虎盘卧,老虎前爪抓牛耳,口衔牛首,兽耳细长弯曲处恰为虎身,虎后爪扒伏器壁,长尾下垂,尾稍上卷,虎食牛首与腹壁大兽面浑然一体,通体以细密的云雷纹衬地,尽显华丽。簋底有铭文"弓鱼白(伯)乍(作)宝尊簋"。

　　此簋通身布满翠绿古锈,造型威严庄重又典雅大方,以高浮雕牛首及大兽面纹装饰,立体感极强。双耳的虎食牛首装饰别具匠心,生动传神。圈足内有铜铃,奉簋时铃声响动,清脆悦耳。弓鱼伯双耳方座簋可谓西周铜簋之珍品,不仅反映了当时高超的青铜器铸造工艺,也为研究西周铜簋和墓主的身份提供了实物依据。

四耳簋

1981年出土于宝鸡市強国墓地纸坊头1号墓，时代为西周早期，通高23.8厘米，口径26.8厘米，重8.4千克。此簋侈口卷沿，深腹平底，四耳呈"十"字形对称分布，高圈足。主体纹饰十分简约，仅以直棱纹和乳钉纹装饰器腹的主要部位，圈足饰龙纹，以云雷纹填地。簋耳及其垂珥的装饰十分独特，四耳共有24个大小不一的圆雕或浮雕牛首，牛角高耸，圆目，张耳，凸吻，神态生动自然。这种以小牛首装饰的手法较为罕见，目前仅见于宝鸡地区出土的青铜器上。

这件四耳簋的装饰虽然简约，但其铸造却不简单。簋耳的铸造采用了分铸、铸接的方法，使簋耳与器身合铸成一体，结构如同卯榫。这种工艺设计在青铜器铸造中被称为自锁结构，不仅科学省工，而且展现出古代工匠的智慧和巧思，反映了当时高超的铸造技艺。这件四耳簋是我们探讨古代青铜铸造技术不可多得的实物资料。

四耳簋（局部）

四耳簋耳部的自锁结构

自锁结构实际上是分铸铸接工艺的一种运用。铸簋耳时，首先在接近上下根部处预留出横向的孔洞。耳部铸好后，在其与簋腹结合的两端，掏去一部分耳内泥芯，再打通两个预留孔。将耳部与簋体铸接时，铜液注入耳的两端，同时落入预留孔中，这样簋体与耳部就牢牢铸接在一起了。

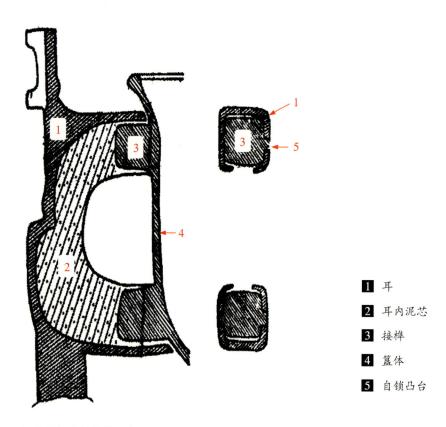

1. 耳
2. 耳内泥芯
3. 接榫
4. 簋体
5. 自锁凸台

四耳簋耳部自锁结构示意图

伯方鼎铭文拓本

伯方鼎

  1981年出土于宝鸡市強国墓地纸坊头1号墓，时代为西周早期，通高24厘米，重2.45千克。鼎为长方形，方立耳，直腹，柱足。纹饰为通体满花且分层，器身有8条高浮雕扉棱，腹四壁饰4组大饕餮兽面，以云雷纹衬地，足上饰4组饕餮纹，极具神秘感。腹内壁有铭文"白（伯）乍（作）宝"3字。

  伯方鼎铸造精致，纹饰华丽繁缛，尽显庄重威严之感，是一件难得的青铜艺术珍品。方形青铜礼器的地位高于圆形青铜礼器，体现了中上层贵族的等级观念，因而伯方鼎的出土对于研究墓主的身份等级具有重要的意义。

藏珍举要

　　宝鸡地区作为著名的"青铜器之乡",其深厚的黄土之下掩藏了许多历史遗珍,其中的青铜重器或以铭文证史,或以造型、纹饰见长,抑或制作工艺独特罕见,皆是研究青铜文明的重要物证。如何尊是西周初年第一件有纪年铭文的铜器,记载了周成王五年(前1038)营建东都洛邑的史实,且"中""国"二字第一次作为一个词组出现在这篇铭文中,因此何尊是一件国宝级的青铜器。又如1978年在太公庙青铜器窖藏出土的秦公镈和秦公钟,是研究秦早期历史、冶金铸造和音乐文化等的重要实物资料,亦可订补史书中对秦国历史记载的错误和不足,是已出土的先秦铜器中最重要的一批,其艺术价值和历史价值之高,令人叹为观止。

何尊（局部）

何尊

何尊是3000多年前西周早期贵族何铸造的一件用于祭祀先祖的青铜礼器，它豪华典雅，庄严狞厉，气势恢宏，造型极富艺术特色。通高38.5厘米，口径29厘米，重14.6千克。尊体呈椭方形，口圆而外敞，通体饰四道透雕的扉棱。器身纹饰自上而下分为三部分，均以可沟通天地的动物为主题：上部饰蛇纹，蛇在古代被视为神明，潜于深渊，能致云雨，其形象是青铜器上常见的装饰纹样；中间为一个大饕餮，器身上的扉棱为其高耸的鼻梁，饕餮巨目咧口，浓眉大眼，卷角粗大，伸出器表，神奇威严，极具震慑力；下端为小饕餮纹，卷角圆目，张口高鼻。器身的三段纹饰都用阳线云雷纹衬地，通体采用高浮雕、浅浮雕与减地阳线相结合的装饰手法，疏密有致，极富立体感。

何尊受世人瞩目，绝不仅仅是因为其华丽精美的外表，它更重要的价值在于腹底12行122字的铭文。何尊是西周初年第一件有纪年铭文的铜器，记载了周成王五年（前1038）营建东都洛邑的史实，与《尚书》中的《洛诰》《召诰》等历史文献完全吻合，起到了证史、补史的作用，为我们研究西周的历史和青铜器的断代提供了重要的实物资料。武王灭商后，发现镐京地理位置偏西，很不方便控制殷商旧族广泛分布的东方地区。为了巩固新政权，彻底铲除殷人聚居之地的顽固势力，确保周朝国运昌盛，武王做出了新的都城规划，即营建东都洛邑的重大决定。但武王因伐商而积劳成疾，英年早逝，计划暂时搁浅。成王年幼继位，周公辅政，引发了著名的"三监之乱"，周公花了整整三年的时间才得以平叛叛乱。这场叛乱使周公更加认识到武王欲建东都的决策多么英明，于是让召公负责此事，继续营建东都洛邑，这样才有了何尊铭文开头记载的"初迁宅于成周"。除此之外，"中""国"二字首次作为一个词组出现在这篇铭文"余其宅兹中国，自之乂民"一语中。但此"中国"非彼"中国"，铭文里的"中国"是方位词，是一个地理概念，指的是中心、中央，表示国之中央的意思，而不是国家名称。周人认为伊洛一带是天下的中心地带、交通枢纽，长期偏居西岐的周王朝，只有把都城建立在天下的中心，使所有被征服的小邦、诸侯、夷族称臣朝拜、进献纳供的道路均等，才能更有效地统治他们。所以武王灭商后对天祷告发誓：我要在天下中心的地方建都居住，并在那里治理民众。

何尊

何尊铭文拓本

刖刑奴隶守门方鼎

1988年出土于宝鸡市茹家庄青铜器窖藏,通高18.7厘米,重3.92千克,时代为西周中期。造型奇巧别致,呈长方体,带盖,有两附耳,鼎足为兽足,整体可分为上下两部分,上部为鼎,鼎为平底,下部为炉,炉底呈网格状。此鼎的装饰以立体雕塑为主,鼎盖残缺,仅一角立有一只小鸟;鼎四角各有一条向上攀爬回首的夔龙,正面与背面正中口沿下各有一条向上攀登的小虎;炉体正面有一个小门,一侧门口有一个束发裸体、缺左足、断右臂的奴隶,侧身屈膝跪坐在门边作守门状。炉体背面有"田"字形窗,窗上亦爬有小虎;足上部各有一立体兽首。器盖、腹壁和鼎耳以窃曲纹、重环纹及小鸟纹装饰。

此鼎与一般鼎的最大区别是它可作为温食之器,加热时上层盛放食物,下层放置炭火,两侧设窗,正面开门,可通风、助燃、散烟,使鼎内食物保持一定的温度,像现在的火锅。整件器物设计得独具匠心,既是一件实用器,也是一件难得的艺术品。

中国古代统治阶级为巩固政权,维护统治,制定了各种各样的刑法。《左传·昭公六年》载:"夏有乱政而作《禹刑》,商有乱政而作《汤刑》,周有乱政而作《九刑》。"周代《九刑》中的刖刑,就是砍去双脚。这件鼎上守门的奴隶,就受过刖刑,失去了右臂和左足。这不仅是西周刖刑的真实见证与写照,与史书中记载的刖者守门相符,还是奴隶制社会阶级压迫的现实反映,为我们研究西周法律制度和奴隶制度提供了弥足珍贵的实物资料。

刖刑奴隶守门方鼎（背面）

刖刑奴隶守门方鼎（局部）

刖刑奴隶守门方鼎（局部）

母子虎

1988年出土于宝鸡市茹家庄青铜器窖藏，是一件装饰用器。通高10厘米，通长20厘米，重1.5千克。虽有残缺，但造型灵巧生动，不失意趣。母虎体态矫健，双耳上竖，双目圆突，尾巴上翘，作匍匐状，嘴里叼着一只小老虎，小老虎扭头向上，口微张，四肢及短尾自然下垂，憨态可掬。母虎的眉、鼻、胡须等细部以阴线表现，以重环纹、条带纹表示虎斑；小老虎身上的斑纹则以直线与圆点表示。

老虎是百兽之王，威猛凶悍，但这件圆雕母子虎却让我们看到了老虎的另一面：母虎小心翼翼地叼起小老虎，神情亲昵；憨态可掬的小老虎被叼起后，似是受到惊吓，但肢体却极为放松，眼神里充满了依赖。周代的工匠以高超的技艺和敏锐的观察力把母虎叼起小老虎的动态画面用青铜记录下来，把虎之威猛与柔情融为一体，创造出我们今天看到的这件珍贵的青铜母子虎。

周人把中国古代的青铜文明推向了最高峰，他们所掌握的青铜铸造技艺十分高超，给我们留下了许多不可再现和不可企及的青铜器，有的如何尊和墙盘等铸有长篇铭文，可以证史、补史；有的如伯各卣和逨盉等造型独特，装饰华丽；还有造型各异、巧夺天工的动物形青铜器，运用夸张的表现手法，用青铜将自然界的鸟兽表现得活灵活现，让我们不禁赞叹周人丰富的想象力和创造力。

鲤鱼尊

  1988年，宝鸡市茹家庄青铜器窖藏出土了一件西周晚期的鲤鱼尊，通高15厘米，长28厘米，重1.128千克。此尊为鲤鱼形，身体肥硕但比例协调，腹内中空，鱼背鳍处开长方形口，酒水可从此处注入腹内。口上置拱形方盖，盖上有鳍形钮，钮两面有小铜环。鱼口微启以作流。鱼腹下有两两相对、双手捧腹作负重状的4个纤细的人作为足，以支撑器身。鱼目圆睁，鱼尾稍稍弯曲，好似在水中游动，悠然自得。鱼身上的鳞片清晰可见。4个小人中有3人口大张，双目圆睁，头上蓄发；另一小人嘴呈闭合状，头上无发，经检测此为后来补铸。

  鱼作为一种容易获得的食物，很早就走进了人类的生活，而且成为人类重要的艺术创作题材，半坡鱼纹是我们最熟知的例子。青铜器上常饰有鱼纹，像鲤鱼尊这样立体的鲤鱼造型还是首次发现。这件鲤鱼尊具有极高的艺术价值，鲤鱼造型和表情夸张的人形尊足生动形象，富有情趣，充分显示了工匠超凡的想象力。鲤鱼尊的出土地点在茹家庄，西周时期这里是强国的统治范围，强国人来自南方，以鱼为姓氏，渔业在生产活动中占据十分重要的地位，其传统信仰必定与鱼有很大的关系。鲤鱼尊的发现对于研究强国历史具有重要的意义。

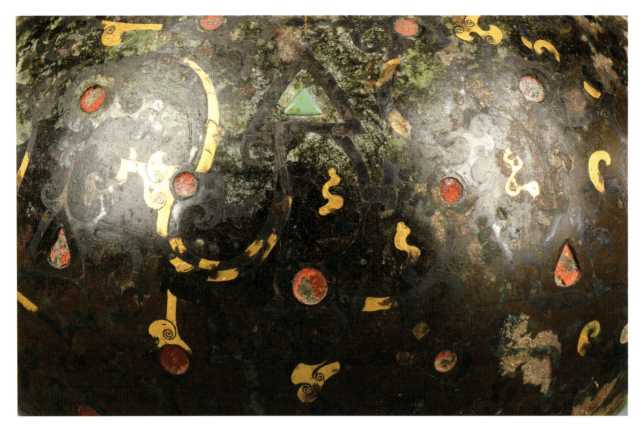

错金银壶（局部）

错金银壶

1966年出土于宝鸡县（今宝鸡市陈仓区）刘家台，为春秋时期之物，通高18.8厘米，口径8.4厘米，重1.1千克。此壶直口鼓腹，腹上部有铺首衔环，矮圈足略向外撇，无底。壶表面采用错金银的装饰技法，用金银丝片在器表勾勒出纹饰，线条如行云流水，飘逸流畅。因金银多有剥落，纹饰已模糊不清，难以辨认，器腹处可见少量卷云纹、三角几何纹。该壶还采用了镶嵌工艺，器身镶嵌有玛瑙、绿松石等宝石，红绿相间，交相辉映，别有一番韵味。但因年代久远，宝石多有剥落。此壶在地下埋藏了数千年，表面的铜经氧化变成了黑色，但装饰的金银依然熠熠生辉。金色、银色与红绿色的珠宝相映生辉，色彩丰富，美轮美奂。

此壶将实用、造型与装饰融于一体，具有重要的历史、艺术和科学价值，是我国古代青铜艺术宝库中的瑰宝。造型轻巧灵便，典雅别致，比例协调，摆脱了商周时期神秘、厚重、古拙的风格，以适应日常生活的需要。运用了春秋时期先进的金属细工装饰技法——错金银，精致美观，华而不俗，显示出2000多年前中国金属细工的卓越成就，为我们进一步了解春秋时期错金银装饰工艺提供了物质资料。

春秋时期，这件错金银壶的出土地是秦国的属地。当时，秦人意气风发，逐击西戎，迅速崛起，并进入"春秋五霸"的行列，其雄心壮志与进取精神熔铸于铜器之上，形成了独特的风格。这件华美的铜器，代表了秦国手工业的发展水平，显示了秦国国力的蒸蒸日上，也似乎预示了秦人在中华民族历史舞台上巅峰时代的到来。

错金银壶

秦公镈（乙）（局部）

秦公镈

　　1987 年，宝鸡县（今宝鸡市陈仓区）太公庙村出土了一套春秋时期的秦公镈，共 3 件，形制、纹饰、铭文基本相同，大小相次。秦公镈造型别致，镈身四周饰有 4 条扉棱，左右两侧扉棱由 9 条盘曲的飞龙组成，前后两侧扉棱则由 5 条飞龙和一只凤鸟盘曲而成；舞部各有一龙一凤相背回首，形象生动。镈身饰有变形蝉纹、窃曲纹和菱形纹，呈现出端庄大方、秀丽华美的风格。秦公镈的鼓部有 135 字铭文，颂扬了秦公先祖秦襄公被周王"赏宅受国"的事情，以及文公、静公、宪公 3 代治国兴邦的业绩，和秦公自己励精图治、勤于国政的事迹，表明要继续虔诚地祭祀祖先，为秦人求得福祉。铭文中记载的秦公是个精明能干的国君，他广聚人才，征服周围的部族、方国，与秦武公的事迹吻合。秦武公是一个非常有作为的人，为中国开县制之先河的第一人，将新开拓的疆域划分为县，县令由秦王直接任命，县里必须向秦王提供赋税、兵员，从而强化了国家的军政实力。

　　镈为大型打击乐器，盛行于春秋战国时期，在贵族祭祀或宴飨时，与编钟、编磬配合使用，用以指挥乐队的节奏。秦公镈是一套时代明确、铸造精良、发音准确、观赏价值很高的乐器和艺术品。秦公镈的铭文字体纤秀舒展，排列整齐疏朗，具有极高的书法价值，也是研究秦早期历史、冶金铸造和音乐文化的重要资料，可以订补史书中对秦国历史记载的错误和不足，具有重要的史料价值，是已发现的春秋时期秦国铜器中最重要的一批。

秦公镈（乙）

秦公钟(戊)(局部)

秦公钟

1987年,宝鸡县(今宝鸡市陈仓区)太公庙村出土了一套春秋时期的秦公钟,共5件,形制、纹饰基本相似,大小相次。秦公钟钟体厚重,呈合瓦状,甬上细下粗,有半环形干,钟身设有长枚。整体装饰较为华丽,甬中部饰浮雕团龙纹,钟旋饰目纹,干施环带纹,舞饰减地宽阳线双首共身的吐舌龙纹,篆区饰两条头部朝向钲间的鸟喙龙纹,中鼓部饰两个对称的减地宽阳线顾首龙纹。有3件钟的右鼓部饰有一凤鸟纹作为标音符号。钟的钲部和鼓部刻有铭文,讲述了秦武公继承发扬先祖的德业,纳聚优秀人才,虔敬地治理国家,制作了这套钟,用来宴飨先公,祈求大福大寿、广有四方。

秦公钟的铭文是春秋初期秦篆的典范,字体线条略粗,微弯曲而内敛,笔力较为平实;结构纵长,字的重心略微下移;章法上,字距大于行距。秦公钟与秦公镈的铭文在风格上虽有细微差别,但总体上是一致的,均属于规整端庄的风格。经专家研究,秦公钟的铭文为刻铭,是我国现存最早的青铜刻铭。

秦公钟不仅是一组乐器,还是珍贵的先秦史料。铭文中提到了秦襄公、秦文公、秦静公、秦宪公4代秦国先公的业绩,着重讲了秦襄公被"赏宅受国"之事,还记述了秦公虔祀祖先、纳聚贤才、励精图治、勤于治国的心迹,可以订补史书中对秦国历史记载的错误和不足,具有重要的史料价值。秦公钟的发现对于秦史、音乐史及书法史的研究均有重大意义。

秦公钟（甲）

秦公钟（戊）

秦公钟铭文拓本

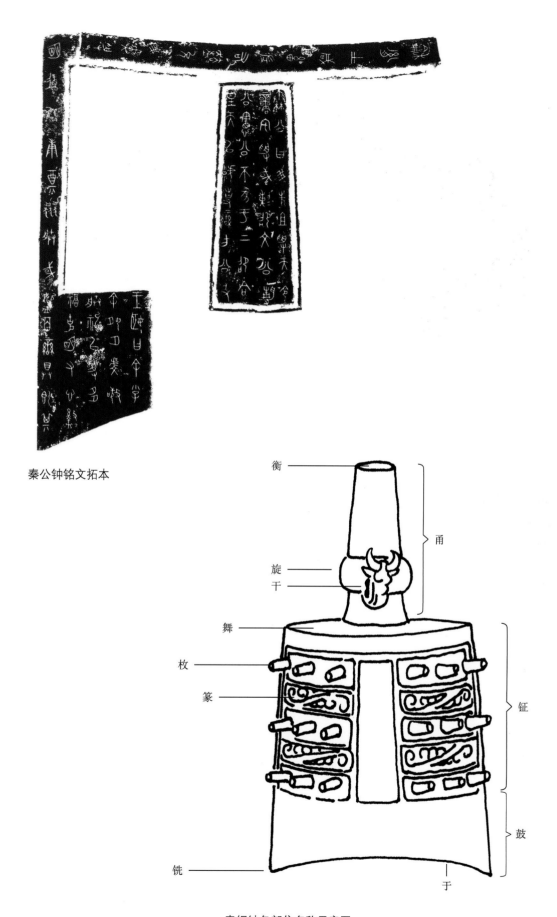

青铜钟各部位名称示意图

矢王簋盖

1974 年出土于宝鸡市陈仓区贾村镇上官村，时代为西周晚期，通高 7.2 厘米，口径 22.2 厘米，重 1.3 千克。这件簋盖折沿，捉手为圈足状，其上有一对穿孔。簋盖饰瓦棱纹和窃曲纹，捉手内饰重环纹，以浅阳纹为地。簋盖内壁有 3 行 17 字铭文："矢王乍（作）奠（郑）姜尊簋，子子孙孙其万年永宝用"。

先周时期，位于汧水（今渭河的支流千河）流域的矢族兴起，之后与西周王室的关系若即若离，但其发展轨迹始终没有离开渭水一带，可能至西周晚期消亡。这件矢王簋盖的出土对于研究矢王和矢国的历史，以及折沿簋的年代有重要的意义，使我们确知了西周晚期汧渭之会一带（今宝鸡贾村、斗鸡台一带）是古代矢国活动的中心地区，对于研究西周方国史十分有益。

下篇

瀚海拾珍

◀ 微信扫码
让您足不出户，"云"游博物馆

★ 配套高清彩图
★ 配套音频、视频

西周素面铜镜

1958年出土于宝鸡市郊西周墓葬,直径6.6厘米,重0.078千克。此镜尺寸较小,近圆形,边缘不规整,厚薄不均匀,制作较粗糙。镜背平直,光素无纹,有橄榄形桥钮。目前商周铜镜出土很少,与精美的青铜礼器相比,显得十分粗糙。商周时期的青铜镜均为圆形,尺寸小,镜体薄,没有镜缘,以素面为主。到了西周晚期,镜背纹饰发生了变化,出现了动物纹饰,构图简率,朴拙自然。

目前在中国发现的最早的铜镜是1977年在青海齐家文化墓葬出土的七角星纹铜镜。该镜出土时是放在死者胸部的,造型、纹饰较为原始,镜的边缘有两个小孔,可穿绳系挂,说明当时铜镜还有佩戴装饰的功能。

战国弦纹铜镜

这面铜镜是一件征集品,直径9.5厘米,重0.06千克,尺寸较小,较为轻薄。镜为圆形,三弦钮,平缘,镜背仅饰两周弦纹,分别表示钮座及镜缘的边界,极为古朴简雅。

春秋战国时期,铜镜制作工艺有了长足的发展,出现了许多新的器型和错金银、彩绘等特殊工艺,造型轻巧典雅,装饰手法多样,纹饰内容丰富,线条细腻。这是铜镜发展史上的第一个巅峰,为铜镜从青铜贵器走进平民百姓家中铺平了道路,也为紧随其后的第二个巅峰——两汉铜镜提供了大量宝贵的尝试和经验。铜镜是我国古人日常生活中的必需品,《木兰诗》中"当窗理云鬓,对镜贴花黄"一句就完美地诠释了铜镜的基本功能。此外,铜镜还被赋予了强大的精神性和象征性的意义,体现了人们对美好生活的向往与追求。

汉尚方铭羽人神兽博局纹镜

此镜为宝鸡市博物馆旧藏,直径20.8厘米,重0.888千克,是汉代较为经典的镜种之一。铜镜为圆形,镜钮浑圆,钮座饰变形四叶纹,座外方框内有12枚乳钉,乳钉间夹有十二地支铭。铜镜内区有8枚乳钉,被规矩纹八等分,青龙、白虎、朱雀、玄武踞于东、西、南、北四方,中间配以鸟、兽、羽人等纹饰。纹饰外有铭文一周,其内容为"尚方佳镜真大好,上有仙人不知老,渴饮玉泉饥食枣,浮游天下遨四海,徘回名山采仙草,寿如金石之天仙兮"。铭文外有斜线纹、三角锯齿纹及流云纹各一周,宽平沿。该镜器形较大,保存完好,纹饰精美细致,是汉代博局纹镜中的精品。

汉代的尚方铭四神博局纹镜,纹饰布局基本一致。铜镜铭文中提到的"尚方",是汉代的一个官方机构,凡真正由尚方铸造的四神博局纹镜,其镜钮多为南北方向,镜缘为圆形,似乎在说明天地运行周而复始,没有穷尽。铜镜内区的四神,又称"四灵""四象""四维"等,是远古人类崇拜的动物神,其起源与原始的星辰崇拜有直接关系。我们从这面小小的神兽博局纹镜中,既可以看出古人"天圆地方"的思想,又可以看到天干地支和四神的配合,可以深刻体会当时的铸造思想和汉人的宇宙观,以及中国传统文化中的道家思维。

东汉悬璧铭六乳四神纹镜

  此铜镜为征集品,直径 20.7 厘米,重 1.36 千克。它是一面精美且罕见的铜镜,是两汉铜镜巅峰时期的作品,十分具有代表性。镜为圆形,圆钮,宽平缘。其纹饰布局十分特殊,将青龙、白虎与朱雀、玄武分别置于内外两区,青龙、白虎中央悬挂一枚五铢钱,呈现出龙虎戏铢的格局;朱雀、玄武与其他禽兽相间分布,用高浮雕的手法表现出极强的立体感。主体纹饰之外有一圈铭文,共 57 字,内容为"悬璧作竟(镜)法尚方,湅(炼)合铜锡明而光,巧工刻之成文章,左龙右虎辟(僻)不羊(祥),朱雀玄武顺阴阳,子孙烦(繁)息富贵昌,寿敌金石乐未央,长保二亲宜姑公兮"。"悬璧"为制镜坊的招牌名,而最后一句"长保二亲宜姑公兮"说明此镜是嫁妆,表明了娘家人对女儿的祝福,希望女儿嫁入婆家之后一切顺遂,能够为婆家繁衍子孙,与丈夫同享富贵并且寿如金石,同时也希望女儿可以给婆家带来好运。

  两汉时期经济繁荣,社会稳定,汉文化也逐渐形成,为铜镜的生产和推广奠定了良好的基础,铜镜日渐成为人们生活中的必需品。这一时期铜镜发展繁荣,出现了许多杰出的精品,如透光镜、神兽镜等。这面东汉悬璧铭六乳四神纹镜,上承西汉以来流行的多乳四神纹镜的特色,下启龙虎对峙纹镜的先河,而以钱纹装饰也极为罕见。它不仅让我们体会到东汉时期制镜业的发达和繁荣,也让我们了解到当时社会生活中的点滴。铜镜虽小,却映射万千。

唐飞天花鸟纹菱花镜

　　这面铜镜直径13.9厘米，重0.584千克。该镜为八出菱花形，圆钮，窄花缘。主体图案为高浮雕的飞天纹与鸟纹相间，环绕圆钮对称分布。两鸾鸟足登祥云，口衔葡萄枝，作站立状。两飞天面如满月，表情祥和，衣带凌空飞舞，十分飘逸潇洒，其中一飞天作凌空升腾状，双手捧盘，另一飞天作飘浮状，一手托盘，一手执枝叶。镜背空隙及边缘等处以蔓草纹、蝶恋花纹与忍冬如意纹等装饰。整个铜镜纹饰布局明晰清雅，动感十足，艺术效果极佳；制作相当精致，青铜比例适度，1000多年来几乎没有产生锈迹，十分难得。

　　铜镜上飞天纹较为少见，此镜的飞天纹从辅助纹饰上升为主体纹饰，以高浮雕的形式展现了"飘飘九霄外，下视望仙宫"的意境，既保留了西域和印度飞天的某些特征，又融入了中国传统文化的因素，与同时期壁画中的飞天风格一致，形成了唐代特有的西域式飞天。李白曾有诗句赞美飞天："素手把芙蓉，虚步蹑太清。霓裳曳广带，飘拂升天行。"这面飞天花鸟纹菱花镜恰如其分地表现了李白诗中的意境，能够使我们领略到大唐飞天的艺术魅力。

唐瑞兽葡萄纹镜

　　这面铜镜是从宝鸡市八角寺征集而来，直径 21.4 厘米，重 1.596 千克。镜为圆形，以口衔小兽的狮子为钮，钮外分布着 8 只海兽，或站立，或奔跑，或前扑，或安卧，姿态各异，形象生动，憨态可掬；外圈禽鸟瑞兽相间排布，有马、狮子、犬、虎、鹿、鹊、鹤等，或奔跑，或飞翔，或休息，或啄食葡萄，妙趣横生。葡萄舒展的枝叶、丰硕的果实与灵动活泼的瑞兽组合起来，构成了一幅生机勃勃的图案，具有极强的艺术感染力。整个铜镜采用高浮雕的技法，画面高低起伏，立体感极强，且制作精良，纹饰细致，当属唐瑞兽葡萄纹镜中的精品。

　　瑞兽葡萄纹镜是唐代最具代表性的铜镜之一，其纹饰张扬华丽，具有强大的艺术表现张力，瑞兽纹与葡萄纹的结合为其增添了神秘色彩，因而这种铜镜被中外学者称为"多谜之镜""凝结了欧亚大陆文明之镜"。瑞兽的形象源自我国传统的四神，即青龙、白虎、朱雀、玄武，其造型多取材于现实生活中的动物形象，有的似狮子，有的似鹿，有的似马，搭配以鸾鸟、蜂蝶等，并称为瑞兽。葡萄在汉代经由丝绸之路从西域传来，葡萄纹曾在古波斯、拜占庭帝国广为流行，是西域文化的象征，在唐代盛极一时。葡萄因枝叶繁茂，果实累累，特别贴近人们祈盼子孙绵延、家庭兴旺的愿望，具有多子多福的寓意，也象征着富贵长寿。工匠们将传统艺术中的瑞兽纹和来自西域的葡萄纹相结合，大量地运用到铸镜纹饰中，并赋予其新的内涵，从此瑞兽葡萄纹镜便成为中西文化交流与融合的杰作，不仅增加了铜镜的文化魅力，也是唐王朝兼容并蓄的写照。

　　唐代铜镜铜质优良，镜体普遍厚实，且因锡的含量增多，镜面澄净如银，给人以极大的美感。造型更加多样，铜镜背面的纹饰也丰富新颖，铭文内容更具浪漫情调。而在唐代铜镜中，最负盛名的就是瑞兽葡萄纹镜，它无论是在纹饰、构图还是铸造工艺上都算是中国铜镜的高峰。瑞兽葡萄纹镜流传的时间很长，除了盛行于初唐和盛唐时期外，唐末、五代、两宋、元、明均有仿制品。

宋牡丹纹镜

这面铜镜为征集品,直径 15.5 厘米,重 0.22 千克。镜为圆形,圆钮,宽素缘,镜背饰牡丹纹,花繁叶茂,却又清新简雅,是极为典型的宋代花卉纹铜镜。

宋金时期多花卉纹、人物故事纹和动物纹铜镜,体现了宋人的风情雅兴。这一时期的铜镜虽然逐渐走向衰落,但也有一些新的变化:出现了带柄的铜镜,使用起来更加方便,纹饰也更加生活化,镜子上还出现了商号和制作人的名号;工艺方面,更加注重实用性,装饰性则为次要,因而这一时期的铜镜大多不十分精美。

金双鱼纹镜

这面铜镜为宝鸡市博物馆旧藏,直径 15.9 厘米,重 0.816 千克。镜为圆形,桥形钮,宽素平缘。镜背装饰有浮雕双鱼纹,双鱼鱼鳞清晰,首尾相接作逐游状,四周波涛汹涌,整体画面有极强的动感。双鱼纹镜是金代最具特色和最为流行的铜镜种类之一,其主体纹饰为两条鲤鱼在水中对游。

以鱼纹为铜镜图案,最早见于汉代,在金代最为盛行。女真人居于白山黑水之间,多以捕鱼为生,鱼与他们的生活密切相关。同时,他们借用鲤鱼繁殖力强的特征,在铜镜上表达多子多孙的美好意愿,并借"鲤鱼跳龙门"的寓意祈求升官入仕,这反映出女真人的尚文精神和对教育的重视。

辽蜂巢纹镜

这面铜镜是一件征集品,直径 21.3 厘米,重 0.534 千克。镜为圆形,圆钮,钮座饰花瓣纹,素缘。镜背的纹饰十分独特,主要是整齐细密的蜂巢纹,整体画面均匀规矩,俏丽宜人。

辽金时期,北方人民对金银器物的追求和喜爱带动了当时金银冶炼技术的发展和进步,铜镜工艺也因此得到进一步发展。迄今为止,我国已发现的辽代墓葬有千余座,出土了大量随葬铜镜。辽代铜镜多以草原的自然风光和现实生活中的场景为表现题材,反映民俗风情的纹饰和动物纹饰居多。

明仿汉六乳禽兽纹镜

这件铜镜是在宝鸡市铜件厂拣选而得,直径 12.3 厘米,重 0.4 千克。铜镜为圆形,圆钮,圆形钮座外饰 8 个带座乳钉,内间铭"子孙长宜"4 字,外接重弦纹。外区饰 6 个带柿蒂座乳钉,中间饰禽鸟纹和瑞兽纹,左侧有铭文"马家包换青竟(镜)"6 字。缘内一周饰栉齿纹,缘饰蟠螭纹和神兽纹。根据该铜镜的纹饰风格、布局,以及合金的比例和颜色判断,其为明代的仿镜,仿制了汉代铜镜的形制和纹饰,应是在原镜上翻模后,在模上再加上自己的款识仿制而成。

明代以前的仿镜有两种。一种是采用前朝的模具,用当朝的合金比例浇铸,铸造的仿镜与前朝铜镜的纹饰风格完全一样;但因合金比例不同,铜镜的颜色不一样。另一种则是当朝工匠设计的仿前朝铜镜,带有当朝的纹饰风格。这种仿制以弘扬传统文化为目的,并不追求与原镜完全相同,是在原镜的基础上进行再创作的结果,是严格意义上的仿制。而明代及其以后的仿镜多是在原镜上翻模制成,有些加有制镜作坊的款识,仿镜外观与原镜相似,但颜色完全不同。这些仿镜是我们研究历代铜镜的重要资料。

新石器时代青玉璧

出土于甘肃省灵台县,直径24.3厘米,重0.874千克。玉璧为圆形,中央有圆孔,玉质细腻,器形大而厚重,光素无纹,制作规整,打磨光滑,是一件极为典型的新石器时代齐家文化的玉璧。玉璧具有多种功能,可用于祭祀、馈赠、配饰等,也是古代"六器"和"六瑞"之一。玉璧在中国古代玉文化中一直占据着十分重要的地位,古人认为玉璧象征着上天,是十分重要的祭祀礼器,即所谓的"以苍璧礼天"。

玉璧是玉器中沿用时间最长的器类之一,从新石器时代至清代几乎都有使用,由大到小、由粗到精、由简到繁是玉璧发展的基本轨迹。新石器时代玉璧以素面为主,采用磨方为圆的方法制作外廓,因此外廓圆形不太规则。商代和西周仍以磨方为圆的方法制作玉璧外廓,玉璧表面多雕琢纹饰。商代玉璧表面多饰阴线双勾龙纹或雷纹。西周玉璧多以大斜刀技法雕琢龙纹或凤纹。春秋时期的玉璧采用阴线双勾或浅浮雕技法雕琢繁密的蟠螭纹。战国时期和汉代的玉璧则雕琢谷纹、蒲纹,或透雕龙纹、凤纹等,东汉还出现了铭文璧和高浮雕螭纹璧。魏晋南北朝时期至唐代,由于玉礼器的主导地位被世俗化的玉器所代替,玉璧的数量大减。宋代以后常见的是仿古玉璧。清代玉璧以仿古谷纹璧和螭纹璧为主,多为一面浮雕两条或两条以上的螭纹,另一面饰以谷纹或云纹与谷纹相杂;一般而言,作为礼器使用的玉璧器形较大,作为佩饰和赏玩之物的玉璧器形较小较厚。

西周玉鹿

1974年出土于宝鸡市強国墓地茹家庄1号墓，通高9厘米，厚0.4厘米。此玉鹿为装饰用玉，周身没有纹饰，仅在眼、鼻、吻、蹄、四肢等部位用阴线勾勒出大致形状。其特别之处在于它的造型，工匠以敏锐的观察力捕捉到受惊的小鹿在奔跑中戛然而止的瞬间情态，采用高超的琢玉技术和艺术表现手法将其雕刻出来，惟妙惟肖，栩栩如生，给我们留下了3000多年前自然界中生动的一幕，也使我们体会到只有渗透着时代风格、非凡的艺术才能和独特思想的作品，才能称为精品，才具有永恒的生命力。

鹿在古代被视为神物，人们认为鹿能带来吉祥、幸福和长寿。鹿在中国传统文化中的寓意也十分丰富，既是美丽善良的化身，其温顺、善良、柔美、内敛的气质被人们称道；又是爱情的象征，古人嫁娶，男方要送女方两张鹿皮作为聘礼，寓意为迎娶美丽的姑娘；还是权力的标志，古时候鹿是人们捕猎的对象，于是"逐鹿"被用来比喻统治者对权力的追逐。

西周龙形佩

1980 年出土于宝鸡市弻国墓地竹园沟 9 号墓，直径 4.3 厘米，厚 0.2 厘米。该玉佩为青白玉质，半透明，以单阴线雕刻卷尾龙纹，圆形的片雕玉龙首尾相接，龙口大张，卷尾含于口中。这件玉佩玉质晶莹润泽，造型生动活泼，纹饰线条自然流畅，是一件难得的西周早期龙形佩饰。

弻国墓地竹园沟 9 号墓里的随葬品虽然不多，却十分独特，其中有锡质的一鼎两簋，在整个弻国墓地中仅此一例。该墓还出土了许多玛瑙、玉质的珠子，根据其出土位置可以判断这些珠子至少是一组二璜串饰。这类串饰只有受到过周王册封的高等级贵族才会拥有，且在出席重大典礼仪式，如觐见周王、朝会、祭祀、宴乐的时候才可佩戴。这件西周龙形佩以及弻国墓地出土的诸多青铜礼器和其他玉器，是周王朝的统治者用礼乐制度规范社会等级及秩序的实物体现，是"藏礼于器"的最佳写照。

西周玉牛首

1980 年出土于宝鸡市弻国墓地竹园沟 9 号墓，高 3.3 厘米，宽 3.2 厘米。该玉牛首为青绿色，玉质细腻温润，粗壮的牛角向内弯曲，牛耳外张，牛的眼睛、鼻孔和吻部仅以寥寥几根线条刻画，简洁明了，生动形象，不失为西周早期圆雕玉器中的精品，也显示出工匠丰富的想象力和深厚的艺术造诣。玉牛首的额头部位有一穿，背面下颌部也有一穿，应该是用于穿系的。这件玉牛首出土的位置在墓主的颈部，应该是一件项饰。

玉器在西周时期是一种与青铜器并行发展和相互影响的器物，也是灿烂辉煌的西周文明的重要标志之一。相较于商朝，这一时期玉器的造型和品种大大增加，出现了大量浮雕、圆雕的动物形和人形等玉器。其中的动物形作品，既有幻想中的龙、凤等神兽形象，也有取材于自然界的牛、鹿、虎、兔等形象，丰富多彩，令人耳目一新。

西周玉虎

　　1974年出土于宝鸡市強国墓地茹家庄1号墓，通高2.8厘米，长6.5厘米，厚0.5厘米。该玉虎是用灰褐色青玉雕刻而成，虎头高昂，虎耳直立，虎口大张，利齿外露，似在吼啸山林；身躯健硕，四肢屈地，长尾收卷上翘，彰显出不怒自威的王者风范，十分凶猛传神，实为西周玉虎中的精品。

　　茹家庄1号墓是強国墓地中十分重要的一座墓葬，出土了大量精美的随葬品。墓葬形制也较为奇特，不同于常见的西周墓葬：墓室中央用木板垒成隔墙，将墓室分为甲、乙两室，甲室内置一棺，乙室内置双棺。这种两人共用同一墓室的情况在西周墓葬中极为少见，甲、乙两室墓主的身份与关系成为考古学家研究的焦点。依据乙室出土的青铜器的铭文及其他随葬品判断，乙室的墓主为強国一代国君強伯，其夫人是1号墓旁边不远处2号墓的墓主井姬。強伯身为一方诸侯，不仅拥有极高的地位，还拥有大量的财富，这从其墓室中随葬的大量精美玉器便可看出——玉虎便是其中的例证。

汉玉辟邪

出土于宝鸡市五里庙汉墓，残长 19.8 厘米，高 18.5 厘米，重 1.962 千克，是用一块较大的玉料整体雕琢而成，玉质青白，局部有沁，通体打磨抛光。该辟邪体魄雄健有力，肌肉饱满，昂首挺胸，双目圆睁，两耳竖立，獠牙外露，拱背，前胯处生双翼，前踞后蹲，蓄势待发，似在长啸嘶吼，正欲扑击。头顶有一似独角的长方体榫座，背部有圆柱形插筒，尾部有一方形孔，所插之尾可能已失。玉辟邪全身布满阴线雕刻的圆圈纹、流云纹、羽翼纹等，线条曲折流畅，粗细相间，勾勒有序，边缘隐约能见毛道，堪称"游丝毛雕"。从工艺上来说，除使用了圆雕外，还采用了高浮雕、线雕、钻孔等多种技法，使玉辟邪肌理细腻，灵动飞扬。迄今所知，汉代遗址和墓葬中曾出土 3 件玉辟邪，这件玉辟邪是其中体量最大的一件，工艺细腻精湛，虽有残缺，却不失为一件艺术珍品。

辟邪是古代传说中的神兽，亦是祥瑞之兽，其形象最早出现在西汉时期，流行于东汉至南北朝，有祛凶辟邪的作用。辟邪的形象通常是昂首张口、阔步游走的狮子，其造型来源于狮子、鹿，但是人们将宗教神话与玉石雕刻相结合，将其神异化，使它们生出了双翅，长出了飞翼，变成了神兽。除狮子、鹿之外，有的辟邪还吸收了虎、豹的形象，神秘威严。"辟邪"最初的含义为"偏邪不正"，后来引申为驱除邪祟、破除不祥。辟邪由此成为一种驱除邪恶的象征物，经常被绣在或刻在军旗、印纽、钟钮等物上，用以辟邪。

汉俏色玛瑙剑璏

　　这件剑璏是征集品，长6.8厘米，宽2.6厘米。器表呈白色，上有7个不规则形状的朱红色凸起，与器表的白色形成鲜明对比，是工匠利用玛瑙天然的皮色巧雕而成，使得整个器物色泽分明，富有灵性。腹下有一长方形孔，用以穿系。

　　剑璏是古代玉具剑的一部分，穿系于腰带上，即可将剑固定于腰间。玉具剑在春秋战国时期兴起，至汉代达到极盛，汉以后逐渐衰落、消失。历史上，它是一种代表贵族身份的宝物，也是一种珍贵的馈赠佳品，同时还有吉祥、美观之寓意。剑璏到明清两代已逐渐从四套一组的玉具剑中脱离，不再用于装饰佩剑，而演变成为一种专供赏玩的玉器，称为"文带""昭文带"，但形制并没有大的改变。

汉龙纹韘形佩

　　这件韘形佩长4.8厘米，宽4.4厘米，孔径1.7厘米。此佩玉质青白，器表白化，半透明。器身呈盾形，中穿圆孔，圆孔周围环绕透雕爬龙，爬龙双目浑圆，炯炯有神。通体以单阴线雕刻，线条弯曲有度，龙纹与圆孔构成苍龙逐日状，造型生动，制作精美。

　　韘形佩是由玉韘演变而来的佩玉，是汉代流行的特色鲜明且可以单独佩戴的一种玉器。玉韘，后世又称"玉扳指"，是我国古代辅助射箭用的工具，射手将右拇指套入韘内用于控弦。韘最初是用兽皮做的，后来改用兽骨或玉石制作。远古先民的谋生手段是射猎，最初的佩韘注重实用性，而非审美装饰。迄今所见最早的玉韘出土于殷墟妇好墓。西周时期的玉韘发现得极少。春秋战国时期玉韘数量增多。至汉代，玉韘已成为纯粹的装饰品。

明透雕石榴纹玉饰

这件玉饰是征集品，长 8.2 厘米，宽 8.4 厘米。明清玉器讲究"工必有意，意必吉祥"，这件玉饰亦是如此。该玉饰玉质青白，细腻莹润，局部有沁色；整体呈椭圆形，两个熟透的硕大石榴果实饱满，籽粒外露，占据了玉饰的主体部位，周围枝叶缠绕，枝叶中间雕刻着一只蝉，鼓目振翅欲飞，动静结合，富有生机。其雕刻技艺十分高超，画面饱满，石榴及其枝叶纹路十分逼真，鸣蝉更是栩栩如生。这件玉饰不仅具有极高的艺术价值，还有吉祥的寓意：石榴的寓意为多子多福，蝉的寓意为生生不息，两相结合，表示儿孙满堂、子嗣绵长的美好寓意。这种石榴纹玉饰往往由长辈送给新婚夫妇，以表达祝福和渴望子孙昌盛的心愿。

清碧玉如意

这件玉如意是征集品，长 34.7 厘米，宽 7.2 厘米，重 0.384 千克。如意呈墨绿色，有瑕斑，半透明。器形较大，首为云头形，柄自然弯曲。首面以浮雕手法雕出云雾缭绕的山峦及飞行的蝙蝠，云层中一螭龙探身而出。柄上高浮雕三条螭龙穿梭于祥云之中，中央较大的"S"形龙，躯体细长，一条脊线从肩贯穿而下，前后肢作奋力向上攀爬状，尾分叉回卷，两旁又各雕一条螭龙，相映成趣。这件碧玉如意制作精良，雕刻精美，造型生动，是一件不可多得的艺术品。

新石器时代仰韶文化龟形壶

这件龟形壶出土于宝鸡市武功县游凤镇，长43厘米，高27厘米。该壶为泥质红陶，因形似乌龟而得名。壶腹中空，可盛放液体。一侧为较粗的管状流，连通壶腹，用于倾倒液体；另一侧为壶柄，顶端作龟首状，上有两个圆孔及刻画痕迹。这件龟形壶造型独特，别具一格，又有古朴之意、拙稚之趣，充分体现了仰韶先民的艺术审美和生活情趣，为我们研究仰韶文化提供了珍贵的实物资料。

仰韶文化是我国新石器时代黄河中游地区的文化类型，距今 7000 年至 5000 年，以彩绘红陶为标志。地处渭水流域的宝鸡北首岭遗址是仰韶文化的典型代表，其发现表明数千年前已经有一批先民在渭河两岸繁衍生息，还创造出了龟形壶这样别具一格的器物。

新石器时代马家窑文化蛙纹陶罐

这件陶罐为泥质红陶，高 36.2 厘米，口径 10.5 厘米，底径 11.8 厘米，小口长颈，鼓肩收腹，平底，腹部有双耳，从口沿到双耳处装饰有黑色的蛙纹彩绘。整个陶罐器形古朴优美，彩绘抽象鲜艳，是新石器时代马家窑文化的典型陶器，为我们研究新石器时代的彩绘艺术提供了珍贵的实物资料。

马家窑文化兴起于新石器时代，在甘肃清水至宁夏西南部地区都有分布。马家窑文化的代表器物是彩陶器，这些彩陶器纹饰的特点在于彩绘技艺发达，纹饰图案繁复且变化万千，富有韵律，蕴含规律之美。

汉陶厕

这件陶厕是2014年收购而来的，长36厘米，宽31厘米，通高21厘米，为泥质灰陶，整体呈长方形，包括两间厕所和一个猪圈，圈内有母猪和4只猪崽，圈外有鸡和犬。为什么汉代的厕所要和猪圈建在一起呢？因为西汉农学家氾胜之发现，鲜人粪不如"美粪"有营养——"美粪"就是掺入植物茎叶、猪粪尿、人粪尿、饲料残渣以及猪圈里的泥充分混合发酵而成的肥料，这种混合的农家肥利于农作物生长。厕所因此成了资源循环利用的中转站。

汉代的厕所一般建在院子北边偏东的地方。北是水位，东是木位，五行相生，水生木，木位又含有耕种之意，出于积肥的需要，所以厕所建在这个位置。地图的绘制有"上北下南"的规定，因而后来就有了"上厕所"的习惯性说法。

汉羽阳千岁瓦当

这件瓦当是征集品，直径17厘米，砖质，圆形，上有4字篆书"羽阳千岁"，为研究羽阳宫和汉代书法提供了实物资料。

瓦当俗称"瓦头"，是中国古代建筑中筒瓦顶端下垂的部分，用以装饰美化和蔽护建筑物的木质檐头。两汉时期的瓦当十分著名，人们以"秦砖汉瓦"来说明秦汉时期建筑装饰的辉煌。

据《汉书·地理志》记载，羽阳宫在陈仓县，是秦武王建造的。陈仓县，大致位于现在的宝鸡市区。羽阳宫的具体所在地，《汉书·地理志》中没有详细记载，后世说法不一。《宝鸡县志》中记载："秦武公作羽阳宫，在凤翔宝鸡县界，岁久不可究知其处。元祐六年（1091）正月，直县门之东百步，居民权氏浚池，得古铜瓦，……瓦面隐起四字，曰'羽阳千岁'，篆字随势为之，不取方正，始知为羽阳旧址也。"近人陈直认为羽阳宫旧址可能在今宝鸡市东关外火车站附近。

唐力士俑

　　这件陶俑是征集品，通高56厘米，重2.6千克。俑面目狰狞，头戴翘檐帽，身穿铠甲战袍，右臂举起握拳，左手叉腰，足踏小鬼。这件力士俑体魄强健，高大威猛，气宇轩昂，形象既夸张又真实自然，表现了初唐时期蓬勃向上的时代精神和唐文化的阳刚之美，把唐代工匠丰富的艺术想象力和高超的雕塑技艺表现得淋漓尽致。

　　力士俑是唐王朝武力的缩影，主要流行于初唐时期，表现的多是潇洒的年轻战士，或站立，或骑马，制作极为精美，盛唐以后逐渐为天王俑所取代。无论是力士俑还是天王俑，都是作为墓主的守护者随葬于墓葬之中，可为墓主降妖伏魔、驱鬼辟邪，保卫墓主的安宁。这些随葬的陶俑不仅具有极高的艺术价值，也是研究唐代丧葬礼仪和丧葬观念的重要实物资料。

唐三彩镇墓兽

　　这件三彩镇墓兽是征集品，通高 34.5 厘米，重 1.25 千克。该镇墓兽为人面兽身，头顶长角，人面凶恶，兽身粗壮，蹲坐于底座上，既凶猛狰厉，又神秘肃穆。整个镇墓兽除了头部以外，皆施有黄、绿、褐三色彩釉，色彩十分鲜艳。该镇墓兽造型完整，彩釉保存完好，是极为典型的唐代三彩镇墓兽，为我们研究唐三彩提供了珍贵的实物资料。

　　镇墓兽源于古代传说中的方相氏，据说有驱邪除恶、守护亡灵的能力，能保护逝者免遭鬼怪侵害和邪灵侵入。唐代的镇墓兽多为陶质或三彩釉陶质，且往往成对出土，一只为兽首兽身，另一只为人首兽身。镇墓兽一般放置在墓室的前部，成对迎门列布，其后放置武士俑或者天王俑。

唐彩绘人面兽身四目镇墓兽

　　这件镇墓兽为征集品，通高 32 厘米，重 3.15 千克，为泥质灰陶，局部保留彩绘。此镇墓兽为人面兽身，蹲坐，体腔中空，马蹄状前足极长，与屈曲的兽身和后足一起架起头部，尾部断残。人面五官清晰，棱角分明，却被小鬼衔于口中。小鬼面目狰狞，獠牙突出，凶恶异常。人面和鬼面上皆有彩绘，人面上残存有青绿色彩绘，鬼面上残存有红色彩绘。这件镇墓兽造型奇特罕见，虽然局部残损，但仍不失为一件难得的唐代镇墓兽珍品，表现出唐代繁荣兴盛的艺术气象，体现了唐代工匠丰富的艺术想象力和高超的雕塑技艺。

　　镇墓兽是我国古代的一种明器，主要随葬于墓葬中，起到镇守墓室、驱恶辟邪的作用，最早见于战国楚墓，流行于魏晋至隋唐时期，五代以后逐渐消失。

宋胡人牵驼画像砖

1985年9月出土于宝鸡市长岭机器厂宋墓，长28.8厘米，宽29.1厘米，厚5.7厘米。此画像砖为方形，砖上装饰有胡人牵驼图，画面右侧为一个深目高鼻、长着络腮胡须的胡人，他头戴尖顶帽，身着紧袖束腰长袍，脚蹬长筒靴，右手牵着一只双峰骆驼，骆驼驮着方形箱子，紧跟胡人行进。这件画像砖是研究宋代丝绸之路及中西方文化交流的珍贵史料，对于证史、补史大有裨益。其出土证明了宋代丝绸之路仍然畅通，仍是沟通东西方交通的陆路主干道，胡商依然跋涉于丝绸之路上。这件画像砖也是宋代中西方经济、文化交流及友好往来的见证。

宋代的砖雕作品内容十分丰富，有树木花卉，也有飞禽走兽；有展翅飞翔的天马，也有教化世人的二十四孝故事；有倚门而立的侍女，也有孤独的牵驼胡人。这些砖雕作品犹如一幅幅凝固的画面，在我们面前缓缓地铺开，为我们展现了那个热闹繁华的时代。

后　记

　　人类进入文明社会之后，艺术便是人类不懈的追求。人类在艺术中渗入智慧，并且将这种智慧深深地铭刻于创造出来的器具物品之上，使得数千年后这些物品仍然显示出先人们生活的痕迹，折射出他们的意志、勇气与胸襟。与其说先人们创造了器具，不如说他们创造了一个世界。

　　在越来越多的资源、信息都被共享的现代社会，人们的好奇心足以穿破一切藩篱。对历史文物的释读不仅仅是学术探索，它不可避免地要走向社会，进入大众的视野。保护和传承中华优秀传统文化，让大众通过文物了解那一时期的历史文化，是博物馆和文物工作者义不容辞的责任和义务。感谢西北大学出版社为我们提供了一个系统介绍宝鸡青铜器博物院文物的机会；感谢宝鸡青铜器博物院王竑、王伊宁、陈皓敏诸位女士对相关资料的悉心搜集与整理，确保了本书能够如期完成；感谢宝鸡青铜器博物院宣教部王睿女士的配音解读，为本书增色不少。当然，由于篇幅所限，难免顾此失彼，挂一漏万，读者从本书中欣赏到的只是宝鸡青铜器博物院文物精品中的一部分，只能尝鼎一脔而略知其味了。要想全身心地感受青铜文化的魅力，就要走进宝鸡这座厚重而美丽的城市，走进宝鸡青铜器博物院，让那些凝刻在民族血脉中的远古记忆，让那些时光和情感，在与文物的真实接触中被唤醒、被启迪。

　　由于本书编写时间仓促，加上编著者水平有限，书中错漏之处在所难免，希望广大读者朋友批评指正。

2021 年 3 月于宝鸡中华石鼓园